现代智慧图书馆建设及服务创新探索

余冬青 ◎ 著

中国书籍出版社
China Book Press

图书在版编目（CIP）数据

现代智慧图书馆建设及服务创新探索 / 余冬青著. -- 北京：中国书籍出版社, 2023.12

ISBN 978-7-5068-9711-2

Ⅰ.①现… Ⅱ.①余… Ⅲ.①数字图书馆—图书馆管理—研究②数字图书馆—图书馆服务—研究 Ⅳ.① G250.76

中国国家版本馆 CIP 数据核字 (2023) 第 233733 号

现代智慧图书馆建设及服务创新探索

余冬青　著

图书策划	成晓春
责任编辑	杨　莹
装帧设计	博健文化
责任印制	孙马飞　马　芝
出版发行	中国书籍出版社
地　　址	北京市丰台区三路居路 97 号（邮编：100073）
电　　话	(010) 52257143（总编室）(010) 52257140（发行部）
电子邮箱	eo@chinabp.com.cn
经　　销	全国新华书店
印　　刷	天津和萱印刷有限公司
开　　本	710 毫米 × 1000 毫米　1/16
字　　数	210 千字
印　　张	11.75
版　　次	2024 年 5 月第 1 版
印　　次	2024 年 5 月第 1 次印刷
书　　号	ISBN 978-7-5068-9711-2
定　　价	72.00 元

版权所有　翻印必究

前　言

随着科技的飞速发展，图书馆在发展的过程中，勇于抓住机遇、迎接挑战，以满足读者不断增长的需求为目标，不断实现跨越式的发展。当前，新兴信息技术，比如物联网、云计算、大数据、人工智能、区块链等不断发展，促进了智慧城市、智慧校园、智慧博物馆等产生和发展，这也为图书馆的转型和发展提供了新的机遇。未来图书馆将随着技术的飞速发展朝着智能化、网络化、数字化的方向发展。在智慧城市的建设过程中，智慧图书馆的建设是非常重要的一环。因此，越来越多的国内外专家学者对其进行研究和建设，智慧图书馆建设备受关注。综合考虑，目前国内图书馆已经初步呈现出智慧图书馆的特征和趋势，是数字时代的图书馆形态。因此，在未来，如何让国内图书馆从数字时代向智慧时代转型，将成为一个重要的研究方向。

在智能时代，图书馆要想实现功能的转型与创新，关键在于创新图书馆服务，这也是对用户服务进行优化和创新的重要内容。当前，在智能时代图书馆服务创新方面，国内学术界尚未积累大量的研究成果，相关的可参考资料也十分有限。由此也可证明，现代智慧图书馆建设及服务创新是一个非常值得我们研究与讨论的领域，智慧图书馆的不断发展将有助于社会的不断进步。

本书第一章为智慧图书馆概述，分别介绍了智慧图书馆的内涵、智慧图书馆的特征、智慧图书馆的构成、国内外智慧图书馆的研究概况；第二章为智慧图书馆的架构要素，分别介绍了智慧图书馆的建设目标与框架设计、智慧图书馆的馆员、智慧图书馆的资源、智慧图书馆的服务；第三章为智慧图书馆的建设技术，分别介绍了互联网技术、物联网技术、机器人与人工智能技术、大数据与数据挖掘技术、知识图谱技术、信息安全技术；第四章为智慧图书馆的服务模式，分别介绍了信息服务模式、知识服务模式、阅读推广服务模式、个性推荐服务模式；第五章为智慧图书馆服务创新模式，分别介绍了智慧图书馆移动服务模式、智慧图书馆信息共享空间服务模式、智慧图书馆"重点读者"服务模式、智慧图书馆嵌入式服务模式。

  在撰写本书的过程中，作者得到了许多专家学者的帮助和指导，参考了大量的学术文献，在此表示真诚的感谢！作者撰写本书时力争做到内容系统全面，论述条理清晰、深入浅出，但由于作者水平有限，难免存在一些疏漏，希望广大读者及时指正。

作者
2023 年 5 月

目 录

第一章　智慧图书馆概述 ………………………………………………… 1
第一节　智慧图书馆的内涵 ……………………………………………… 1
第二节　智慧图书馆的特征 ……………………………………………… 10
第三节　智慧图书馆的构成 ……………………………………………… 12
第四节　国内外智慧图书馆的研究概况 ………………………………… 14

第二章　智慧图书馆的架构要素 ………………………………………… 18
第一节　智慧图书馆的建设目标与框架设计 …………………………… 18
第二节　智慧图书馆的馆员 ……………………………………………… 28
第三节　智慧图书馆的资源 ……………………………………………… 32
第四节　智慧图书馆的服务 ……………………………………………… 49

第三章　智慧图书馆的建设技术 ………………………………………… 57
第一节　互联网技术 ……………………………………………………… 57
第二节　物联网技术 ……………………………………………………… 69
第三节　机器人与人工智能技术 ………………………………………… 78
第四节　大数据与数据挖掘技术 ………………………………………… 89
第五节　知识图谱技术 …………………………………………………… 112
第六节　信息安全技术 …………………………………………………… 114

第四章　智慧图书馆的服务模式 ... 117
第一节　信息服务模式 ... 117
第二节　知识服务模式 ... 130
第三节　阅读推广服务模式 ... 143
第四节　个性推荐服务模式 ... 159

第五章　智慧图书馆服务创新模式 ... 162
第一节　智慧图书馆移动服务模式 ... 162
第二节　智慧图书馆信息共享空间服务模式 ... 165
第三节　智慧图书馆"重点读者"服务模式 ... 171
第四节　智慧图书馆嵌入式服务模式 ... 174

参考文献 ... 181

第一章 智慧图书馆概述

本章主要介绍智慧图书馆概述,并从四个方面进行了阐述,分别是智慧图书馆的内涵、智慧图书馆的特征、智慧图书馆的构成以及国内外智慧图书馆的研究概况。

第一节 智慧图书馆的内涵

一、智慧图书馆的起源

智慧图书馆的理论与实践起源于国外。最先将智慧图书馆应用到实践中的是一个名为"Smart Library"(智能图书馆)的图书馆联盟,其于2001年在加拿大渥太华建立。2001年10月,全球第一个"智慧图书馆网络"诞生,由澳大利亚昆士兰州立图书馆建立,旨在通过智慧图书馆的建设将物理与虚拟空间结合起来。2002年,新加坡图书馆成为全球首个使用无线射频识别(Radio Frequency Identification,简称RFID)技术的图书馆。2004年,北美地区有超过130家图书馆使用RFID技术。可见智慧图书馆在国外的发展速度非常快,已经得到了广泛的关注。

相对于实践而言,智慧图书馆的理论研究进展较为缓慢。"智慧图书馆"一词最早是由芬兰奥卢大学图书馆的艾托拉(Aittola M)在论文《智慧图书馆:基于位置感知的移动图书馆服务》中所提出的概念。艾托拉解释了"智慧图书馆"的含义,这是一个采用了计算机网络技术、RFID技术、人工智能技术等新兴技术的图书馆,旨在将传统的图书馆服务智能化,使其成为无时空限制且易于感知的移动图书馆服务。2004年,拥有技术背景的Mark C.Miller公司表示智慧图书馆将软件质量工程和科学计算等技术应用到图书馆中,从而降低了读者与图书出错的概率，提升了他们的辨别及纠错能力。2004—2008年，国外关于智慧图书馆的理论探讨并不多，直到IBM总裁于2008年11月发表了"智慧地球"的演讲，人们才开始对"智慧"这个概念投入广泛的关注。随后，2009年美国的学者瑞帕诺维奇（Repanovici）在第八届人工智能、知识工程和数据库国际会议上发表了题为《智慧图书馆：RFID在图书馆应用》的报告，报告表示RFID技术将给图书馆服务带来巨大改变，让图书馆变得更智慧。

随着人们对智慧地球建设的重视，"智慧"一词已经深入各个领域，比如智慧城市建设等。智慧城市不仅包括智慧医疗，还涵盖智慧交通和智慧社区等多个领域。智慧图书馆作为智慧城市的重要组成部分，是技术不断发展与进步的必然结果，因此，社会各界广泛认可和支持智慧图书馆建设。

二、国内关于智慧图书馆定义的主要观点

国内有一些学者在"智慧图书馆"概念出现之前就已经对智能图书馆进行过探讨与研究。1999年，我国台湾学者林文睿对智能图书馆建筑方面的概念和实践进行了全面的论述与研究。我国大陆最早对智能图书馆进行研究的是张洁和李瑾，他们在2000年6月提出在图书馆建筑中应用智能技术的产物就是智能图书馆，智能图书馆也是图书馆建筑与数字图书馆相结合的产物。持有类似观点的还有陈鸿鹄，其于2006年在《智能图书馆设计思想及结构初探》一文中指出智能图书馆是应用智能技术的现代化建筑，是智能建筑与数字图书馆的有机结合与创新。[①] 这些研究基本上将智能图书馆理解为在传统图书馆上应用智能技术的智能建筑。这种表述认识到智能技术对图书馆的驱动作用，并能不断推动图书馆向前发展，但由于该表述受到时代的局限，仅从图书馆智能建筑的角度进行论述，尚未涉及图书馆服务，也未提到智慧化图书馆建设。

在2010年7月，国内出现了首篇提出"智慧图书馆"概念的学术论文——《基于物联网的智慧图书馆》。在这篇论文中，所谓的智慧图书馆就是用一种非常智慧的方法，借助当前的信息技术将读者与图书馆系统、信息资源交流的方式进行改变，以此来提高彼此之间交流的灵活性、准确性、反应速度，进而实现图书馆的智慧化服务与管理的一种图书馆模式。智慧图书馆是借助互联网来实现智慧化

---

① 陈鸿鹄. 智能图书馆设计思想及结构初探[J]. 现代情报，2006（01）：116-118.

的服务与管理模式，智慧图书馆＝图书馆＋物联网＋云计算＋智慧化设备。该篇论文是国内首次系统论述智慧图书馆概念的文章，开启了我国智慧图书馆研究的热潮。该文也成为智慧图书馆研究的重要参考文献，目前是智慧图书馆领域引用量最高的文献之一。

我国的很多学者在"智慧图书馆"概念被提出后，对其进行了深入和大量的研究，并且在此基础上提出了自己的看法与见解。在他们看来，智慧图书馆是数字图书馆的延伸，通过运用现有的信息技术和物联网等技术，并依靠具有高水平专业技能的图书馆员的复杂操作，在此基础上为读者提供更加智慧化的服务。目前虽有许多关于智慧图书馆的研究成果，但由于缺乏一个统一的定义，研究学者经常会基于自己的观点和实际经验，从不同的角度提出不同的定义。作者对这些观点进行总结与归纳后得出智慧图书馆的定义，可划分为以下几种。

（一）感知论

感知论研究者主要是强调智慧图书馆的可感知性。感知论强调的是运用感知技术（如物联网等），让图书馆的主要构成要素（如文献资源、建筑环境、读者等）能够主动、实时地获取相关感知数据。一些学者认为智慧图书馆是一个综合体，它不仅包含了感知智慧化与管理平台，还包含了数字图书馆服务智慧化，可以促进人与人、人与物、物与物之间的直接交流和互动；另有学者认为智慧图书馆能为读者提供一种无处不在的智能服务环境，包括图书馆的各种关键数据能被及时感知与妥当处理，这些关键数据包括图书馆的建筑环境、文献资源、读者和设备资产等。此外，还有几种与之相关且较为盛行的观点：第一种，智慧图书馆是数字图书馆发展到一种比较高级的形态，能利用RFID（Radio Frequency Identification，简称RFID）在内的多种智能技术，对分散的各种图书馆要素进行深度感知，并进行系统化服务和管理；第二种，图书馆涉及的要素包括读者、各种形态的馆藏资源、图书馆工作人员和建筑设施等；第三种，在智慧图书馆建设中，人、物互联是最为核心的环节。智慧图书馆建立在感知的基础上，是在物联网环境下（以RFID为代表）与云计算的前提下的一种智慧化的设备，为读者提供智慧化服务；第四种，智慧图书馆就是对资源和读者的感知，同时提供智慧化服务。有学者还将智慧图书馆理解为流程化，先是对读者需求的信息进行感知、捕捉和统计分析，再对其提供快速高效的智慧化服务；第五种，智慧图书馆就是在无须人工干预的状态下，实现图书馆的管理与服务的智慧化。感知论较具有代表性，是我国智慧图书馆研究学者关注较多的一种观点。

（二）智能技术论

在智能技术论的观点中，主要强调的是图书馆在智能技术的支持下，实现以物联网为基础的系统、设备、流程之间的互联互通，强调智能技术所具有的重要性。智慧图书馆概念其自身产生于技术发展的推动，因此，一些研究学者也关注到了智能技术论。根据一些学者的看法，智慧图书馆的核心在于利用物联网技术主动感知读者的需求，进而向读者提供智慧化的服务与管理。他们认为这是数字图书馆发展的必然趋势和终极目标，也是数字图书馆发展的高级形态。此外，还有一些学者强调在智慧图书馆中，应该注重馆员与读者之间的协同感知和创新，他们认为智慧图书馆是一个整合了技术、资源、服务、馆员、读者的智慧协同体。

（三）人文服务论

人文服务论重点阐述图书馆馆员在利用新技术解决问题方面的主观能动性，突出了人在构建智慧图书馆中的重要作用。有学者认为"智慧"具有以下特征：一是以数字化、网络化、智能化为技术支撑；二是具有互联互通、高效快捷的沟通协调能力；三是追求数字惠民与绿色发展；四是整合集群与协同、服务泛在和跨越时空；五是具有模式创新和可持续性。马然从宏观与微观两方面探究智慧图书馆建设，即思想与技术属于宏观方面，资源建设与读者服务属于微观方面。朱强认为智慧图书馆是图书馆发展的新形态，是基于新的信息技术、能体现人工智能的一个知识服务系统。[1]李凯旋认为智慧图书馆＝图书馆馆员＋智能建筑＋信息资源＋智能化设备＋云计算，其中图书馆馆员由技术专家和人文学者构成，可通过智能化设施充分利用各种信息资源。[2]

---

[1] 中国出版传媒商报. 图书馆人如何看智慧图书馆[EB/OL]. （2018-07-17）[2023-04-25]. http://dzzy.cbbr.com.cn/html/2018-07/17/content_38_4.htm.
[2] 中国图书馆网. 人文视角下"智慧图书馆"定义的再思考[EB/OL]. （2015-07-11）[2023-03-28]. https://www.chnlib.com/LunWen/2015-07-01/29845.html.

（四）要素论

要素论重点研究构成智慧图书馆客观事物的存在基础以及维持其产生、发展变化等运动的必要的基本系统单位。目前智慧图书馆主要有"三要素论"和"五要素论"。刘丽斌是智慧图书馆"三要素论"的提出者，认为智慧图书馆由人、资源、空间三种要素组成，其中"人"这个要素处于最核心的位置，"资源"与"空间"两个要素是基本点。[①] 在"三要素论"中，技术是基础，服务是灵魂，通过技术改善服务。"五要素论"由陈进提出，他认为智慧图书馆应包含五大要素，包括资源、服务、技术、馆员和读者。[②] 智慧图书馆在资源要素中应该做到优质、高效以及多元，换句话说，就是需要为读者提供各种快、准、好的馆藏资源；在服务要素中，智慧图书馆必须做到智能、泛在和感知，即要感知读者需求，并随时提供智慧化服务；在技术要素中，智慧图书馆必须做到精准、智能和快捷，即要通过技术提升服务效率；在馆员要素中，智慧图书馆要做到专业、敬业和创新，即要求馆员利用新技术提供创新性服务；在读者要素中，智慧图书馆要具有使用性、协同性和敏锐性，即确保读者愿意使用系统与图书馆进行协同互动。

（五）综合论

综合论并非是从单一的、片面的角度对智慧图书馆进行定义，而是在进行定义的时候综合考虑了服务、资源、技术、物理实体等多种因素对智慧图书馆的影响。初景利教授是我国资深图书馆学专家，他并没有对智慧图书馆定义进行明确界定，他认为智慧图书馆是数字图书馆和新型图书馆的核心，它代表了将来图书馆发展的最高形态，并推动着图书馆不断地进步与发展。刘炜赞认为智慧图书馆以信息技术和智能设备为基础，是基于复合图书馆发展起来的一种更高级的形态，能够实现图书馆内设备、建筑、人员、文献之间的互联互通，从而为读者提供智慧化服务。孙利芳对智慧图书馆进行了更全面的概括，她认为智慧图书馆的主要目标是为读者提供5A级服务，具体是任何人（Anyone）、任何时候（Anytime）、任何地点（Anywhere），通过任何方式（Anyway），得到任何服务（Anyservice）。

[①] 刘丽斌. 智慧图书馆探析[J]. 图书馆建设, 2013（03）：87-89+94.
[②] 教育装备采购网. 上海交通大学图书馆馆长陈进教授作专题报告[EB/OL]. （2012-06-11）[2023-03-15]. https://www.caigou.com.cn/news/20120611118.shtml.

在她的观点中，智慧馆员、读者、管理与发现为核心要素，先进的技术设备是主要的手段。据李玉海所述，智慧图书馆是借助信息化的技术，将虚拟图书馆与现实图书馆相结合，将图书馆管理与智能设备感知进行有机融合，旨在向读者提供更加高效、准确、优质的资源，为读者提供更加深入的专业知识服务，让读者享受更为舒适的阅读体验，拥有和享受智能空间和文化空间。

通过以上分析可知，我国目前关于智慧图书馆的认识包括感知论、智能技术论、人文服务论、要素论和综合论。这些仅仅是依据学者对智慧图书馆的不同角度的定义进行划分的，并不是以文章发布的先后顺序进行划分的。也就是说，我国智慧图书馆的研究并不是经历了从感知论到智能技术论，又到人文服务论、要素论，再到综合论的发展阶段。但从文章发布的时间来看，我国对智慧图书馆的研究的确经历了由浅入深、从个体到整体、从局部到综合，以及从致力于智能化建筑实体研究到提供系统化、专业化智慧服务的转变过程。这也是我国智慧图书馆研究范畴不断向外延伸、扩展的见证，涉及的技术与理念越来越先进，越来越综合。一般认为，图书馆经历了两次重大转型：一是传统纸质藏书的物理图书馆向数字图书馆的转变；二是数字图书馆向智慧图书馆的转变。目前国内外图书馆正在不断努力向第二阶段转变。

三、对智慧图书馆定义的修正

随着技术的不断革新，智慧图书馆的定义也应是动态的、与时俱进的。因此，我们对智慧图书馆的定义不能简单地从某个独立的微观层面或单维度出发，还要结合多因素、多层面，从更高的宏观角度出发进行研究和诠释。同时，作者认为智慧图书馆的定义并不是固定的，随着时代的发展，其定义的正确性应从当下环境中进行分析，而历史上的定义可作为参考。为此，作者对之前提到的智慧图书馆的定义进行修正，希望能得到图书馆界同仁的批评与指正。

根据作者的观点，智能图书馆是指馆员利用信息技术如物联网、大数据、人工智能、云计算等或智能设备，对图书馆内所有的资源、图书馆设施、读者进行全面的感知和智能化管理，从而为读者提供普及性、高效性和便利性的智能化服务的一种图书馆模式。

（一）新定义的诠释

该定义也是智慧图书馆"五要素论"的延伸，明确了技术、读者、馆员、资源和服务等是智慧图书馆的核心要素。其中，技术是途径，是手段；资源是前提，是基础；馆员和服务是核心，是关键。信息技术不再局限于当下流行的移动互联网技术、RFID（Radio Frequency Identification，简称 RFID）技术和物联网技术，还包括现有的人工智能技术、第五代移动通信技术（简称 5G）、云计算技术、大数据技术、区块链技术等新兴技术，以及将来未知的更成熟的技术和设备；读者与资源的全面感知和交互具有很强的明确性，揭示了资源推送的个性化和精准化，体现了智慧图书馆便利的特点；明确提出了智慧服务泛在、高效的特点；智慧服务和管理是这些要素的中枢，是智慧图书馆的关键所在，具有服务效率高效化、服务对象泛在化、服务内容多样化、服务方式智慧化等特点。

（二）本定义与其他学者定义的差异

在国内对智慧图书馆的定义存在很多不同的观点，无法达成一致。然而，智慧图书馆在近年来的定义中日趋相似，无论是它们的基本内容还是框架设计都颇为一致。按照学者们的普遍看法，智慧图书馆是一种利用信息处理技术（如互联网技术、大数据技术、物联网技术、云计算技术、信息识别技术等），在新时代下收集、存储与管理图书馆海量数据，并为读者提供无时空限制的服务模式。实现更好的读者服务是智慧图书馆建设的目的，因此，智慧图书馆的核心为智慧服务。

智慧图书馆的价值在于其技术应该全方位围绕服务展开，这也是智慧图书馆建设的重要价值，要想建设智慧图书馆，必然需要对当下的主流信息技术进行运用，这些技术既是手段，也是途径。这些技术的升级能帮助图书馆更好地感知读者需求，挖掘他们潜在的需求，并给予及时的回应，从而使智慧图书馆成为由图书馆员的智慧加上物的智能而形成的一种新形态。

结合作者对智慧图书馆的定义以及国内外其他学者的定义，智慧图书馆的核心是构建覆盖所有资源的智慧管理体系，借助先进的信息技术设备，实现图书馆高质量、高效性的智能化管理。在智慧图书馆的定义中，人的因素越来越重要，这充分体现出以人为本的核心要义，毕竟智慧图书馆建设的出发点与归属点都是人，即为了让馆员更好地为读者服务。智慧图书馆的建设是为了让馆员与读者之间有更好的沟通和协同感知，使馆员的服务更便捷、更专业，读者的阅读体验更好，从而体现阅读服务的智慧化和个性化，让图书馆成为一个可持续发展的场所。

对于智慧图书馆的定义虽然有侧重，但无一例外都需要信息技术的支持。因为技术一直在推动着人类前进，所以我们认为科学技术是第一生产力。如果没有技术的支持，智慧图书馆的建设就无从谈起。因而，信息技术是智慧图书馆建设的关键要素之一。除了技术因素之外，建设智慧图书馆必不可少的要素还有资源、服务和管理。图书馆生存和发展的基础在于资源充足，资源也体现了图书馆起着历史文化传承的作用，如果没有资源，智慧图书馆就无法实现其作用和价值。服务是图书馆向读者传达信息和知识的重要手段，体现了图书馆对社会的贡献和其社会价值，这也是实现智慧图书馆建设的关键因素。管理是图书馆服务的系统整合，只有在图书馆管理上实现了智慧化，才能保证服务智慧化的实现。因而，在我国有关图书馆的定义中，基本都包含了以上几个构成要素。随着科技的发展和进步，智慧图书馆采纳了新的技术，从而改变了其服务方式。这源自技术进步，同时也证明了时代的演变。智慧图书馆的定义会随着时代的演变和技术的进步不断地更新和扩展。智慧图书馆的理论基础正在不断地发展和完善，逐渐形成了一个全新的科学体系。

（三）对智慧图书馆定义的深度认识

智慧图书馆并非彻底反对传统图书馆的形态，而是采用先进的技术、人力资源和空间设计等多种要素，全面提升和升级传统图书馆的形态。图书馆只有与时俱进、积极推动社会发展、引领潮流，才能充满生机和活力，才能真正成为智慧图书馆。智慧图书馆综合了虚拟和实体图书馆的优势，能够为读者提供卓越的5A服务体验。"虚"表示虚拟，表示读者无需考虑图书馆的物理存在，随时随地都可以利用它。"实"指实际存在的东西，即实体，智慧图书馆一方面可以为读者提供智能化图书馆文献服务和空间服务等业务，另一方面它也是一个具体的建筑物，它可以是新建馆舍，也可以是对现有图书馆进行改造升级而成的馆舍。在智慧图书馆的设备以及技术的构成当中，物联网主要发挥感知功能，大数据以及区块链会支持技术功能，智能计算主要承担思考分析与判断功能。为读者提供智慧化服务是智慧图书馆的出发点与落脚点,这种服务与人工知识信息服务类似,但是比其更加先进和全面。

智慧图书馆的建设并不是要否定现有图书馆,而是通过改进和提升,让图书馆更加智能化。智慧图书馆应该更注重实现图书馆的核心价值,将其所具备的基本功能呈现出来。随着时代的演进,科技日新月异,读者的期望与需求也随之改变,对于图书馆来说,这会面对更多、更高的挑战。传统图书馆因难以满足读者日益提高的需求和多变的要求而被淘汰,而这也正是智慧图书馆发展的推动力。新技术被应用于智慧图书馆的各个领域、各个环节,以实现改进和提升。在建筑设施和设备方面,利用先进的技术使图书馆建筑更加智能,让读者畅游在一个现代化、智能化十足的阅读空间中。在资源建设方面,通过大数据分析,了解读者的阅读习惯,挖掘读者的潜在需求,这对纸质图书与电子资源的采购起到指引作用,比读者需求更早一步,全面掌握服务对接的主动性。在业务管理方面,通过智能化设备的管理,感知图书馆各种设备的运行状态,实现远程设备调试,并依据人流量的热感应对读者人群进行引导,特别是在新冠肺炎疫情期间,人流管理显得尤其重要。在读者服务方面,智慧图书馆能提供的帮助相当多:一是通过大数据分析,了解读者需求,并为读者提供个性化信息服务;二是通过地理信息系统和热感应系统将读者需求与馆藏资源位置进行对接,帮助读者快速找到所需资源;三是读者能及时方便地将遇到的问题反馈给系统,与馆员进行无障碍沟通。因此,新兴技术的介入是智慧图书馆建设的前提,确保了智慧图书馆的发展。为读者提供以人为本的服务是智慧图书馆建设的终极目标和核心,也是其不断发展的原动力;协同共享是智慧图书馆在业务管理能力上的体现,也是智慧服务的保障。

新兴技术的出现,对传统图书馆来说是个好消息,它驱动了图书馆朝着更加智慧的方向发展,帮助图书馆抓住读者需求,从而更为精准地满足读者需求。

在智慧图书馆出现之前,读者的一些需求即使能被图书馆发现,也没办法被满足。由此可见,智慧图书馆提升了服务水平,更好地传承了历史文化,正如一个生长着的有机体一样,图书馆实现了可持续发展。

第二节 智慧图书馆的特征

作者认为智慧图书馆的特征可分别从服务、管理、感知与沟通的智慧化等方面进行论述。

一、服务智慧化

作者认为，服务智慧化是智慧图书馆最重要的特征，因为服务智慧化是智慧图书馆建设的出发点与落脚点。如果不能实现服务智慧化，智慧图书馆建设将没有任何意义。图书馆的一切建设均应体现"以人为本，读者利益至上"这一图书馆安身立命的原则。这是图书馆的服务导向所决定的，也是图书馆的使命与职责所决定的。因此，服务智慧化是智慧图书馆必须具备的特征。衡量智慧图书馆建设是否成功的主要标志在于图书馆服务的智慧化程度。若服务智慧化的程度不够，那么智慧图书馆建设也无从谈起。

图书馆的服务智慧化，又可以通过一些具体特征来表现，如高效、便捷、协同创新等。高效是指图书馆通过新技术能更快地响应读者的需求，进而减少读者从发出需求到收到图书馆准确回应的时间差。这里的服务高效化不仅指读者获取信息与服务的速度得到大幅度提升，还指读者需求得到正确回应的效率有所提高。由于技术的限制，在传统的图书馆服务中，馆员与机器或多或少会对读者的信息理解不到位，造成提供给读者的结果并不是读者想要的。但在智慧图书馆建设中，通过大数据分析、读者用户画像分析等，结合读者的搜索习惯、阅读习惯，馆员与机器能为读者提供匹配度更高的结果。便捷包含两层含义：一是指读者能通过智能设备、互联网等技术便捷地获取信息以及体验图书借阅等服务；二是指馆员能便捷地与读者进行沟通，了解馆内设备的运营情况和藏书分布情况等，从而远程管控图书馆的各项设备与服务。协同创新是指智慧图书馆能够提供传统图书馆所不能提供的服务，进一步提升图书馆的服务质量和水平，促进服务的创新与发展。这种协同创新的主要特点有：一是通过技术创新，实现了以前无法实现和提供的服务，实现技术上的创新；二是馆员依靠新技术提升个人信息素养、专业素养，从而为读者提供创新性服务，实现服务上的创新；三是通过智慧图书馆平台，馆员与读者协同合作，实现管理、科研与教学等方面的创新。

二、管理智慧化

智慧图书馆建设在很大程度上将馆员从低技术含量、高重复性的工作中解脱出来，所以有不少人认为随着技术的发展，图书馆没有存在的必要：一是由于互联网的便利性，读者不用去图书馆就可以获取信息；二是由于技术的快速发展，馆员没有必要存在于图书馆中。如国内外出现了许多无人超市，也有不少无人图书馆。实际上，随着技术的发展，智慧图书馆不需要"人"是一种错误的观点。虽然许多智能设备能替代人的工作，但这些设备不具有智慧性，更不可能离开人而提供创新性服务。因此，随着智慧图书馆的建设，馆员的角色将发生改变，低技术含量、高重复性的工作可交由智能设备来完成。而创新性服务正是馆员最高价值所在。随着技术的发展，馆员也要提升自我修养和专业素养，紧跟时代发展潮流，运用最新技术对读者进行大数据分析，从而主动地为读者提供个性化服务，实现智慧化管理。智慧图书馆的存在在很大程度上促使图书馆的服务水平得以提升，只有将最新技术与高质量管理相结合，才能真正最大化地体现图书馆服务的智慧化特征。

三、感知智慧化

感知智慧化的特征相对比较好理解，主要是对整个环境的感知。由于智慧图书馆比数字图书馆多了一个感知层，所以其能通过各种智能终端抓取信息，从而实现监控与服务的对接。智慧图书馆所体现的环境智慧化主要包括以下几个方面：一是整个图书馆各种设备的智能监控能实时了解其运行状态；二是能为读者提供各种场景的智慧化服务。如门禁的人脸识别系统能够让读者不需刷卡即可进入图书馆借阅图书；依据读者用户画像进行个性化信息推送；依据地理位置系统和物联网系统帮助读者快速地找到图书；通过智能机器人进行业务咨询、位置导引等；通过3D打印机等各种智能设备来享受创新空间服务；通过热感应系统进行读者人流引导；根据读者位置为其提供不同的信息指引，以及根据读者人数进行在馆人数统计与控制等。

四、沟通智慧化

一般图书馆与读者进行沟通的方式有 QQ、邮箱、笔记本留言和网络留言本等。除了 QQ 这类即时通信工具外，其他沟通方式的信息反馈相对比较滞后，不能及时解决读者问题。但是 QQ 这类即时通信工具仅能通过文字、图片等方式进行沟通，难以真正解决读者的问题。智慧图书馆建设下的沟通依赖物联网等多种新技术，在与读者沟通时能够快速直接掌握读者的其他信息，如读者所在位置、最近有过的行为，从而以最快速度了解读者的问题，并给予解决。因此，智慧图书馆沟通智慧化体现在以下几个方面：一是沟通更为流畅、直接，可通过多个平台进行；二是能掌握读者的其他信息，从而更全面地了解问题和解决问题；三是能通过系统远程指导读者解决问题。

第三节 智慧图书馆的构成

关于智慧图书馆的构成要素，不同学者有不同的论述。有学者认为，智慧图书馆的构成要素为技术、馆员和业务管理系统，这三者融合发展；秦殿启论述的角度较多，从特征、理论与实践、管理体系、概念和哲学等角度对智慧图书馆的构成要素进行了论述；另有学者认为智慧图书馆的构成要素为馆员、管理、服务与管理形态。作者认为智慧图书馆由资源、技术、服务、馆员与读者五个要素构成，五个要素缺一不可，在智慧图书馆中发挥着各自的作用。

资源是图书馆最基础的构成要素。图书馆藏有大量的优秀历史文化资源，发挥着传承人类历史文化的作用。不同形态的图书馆，其资源存在形态表现不一。在智慧图书馆中，传统的纸质资源以数字化的形式呈现，通过云计算、大数据、数字人文、移动通信、互联网等技术的支持对数字资源进行存储及深度加工，并匹配读者需求，从而快速地为读者提供个性化资源。

技术是智慧图书馆建设的前提，也是其必不可少的构成要素。计算机的出现推动了数字图书馆的出现与发展。技术推动着图书馆从传统图书馆向数字、复合、智能、融合图书馆发展，现在处于介于智能图书馆和融合图书馆之间的智慧图书馆阶段。智慧图书馆建设是时代发展的必然结果。科学技术是第一生产力，改变了人类的发展进程，使人类进入智慧地球、智慧城市的建设阶段。

当前使用较多的先进技术有智能感知技术、大数据挖掘技术、云计算和泛在智能技术等。技术是传统纸质藏书管理系统中所不具备的因素。由于技术的出现，数字图书馆等各种形态的图书馆才具有了明显的技术特征。

服务是图书馆最基本的构成要素。无论图书馆以什么形态存在，都必须提供服务。我国图书馆服务经历了文献服务、信息服务和知识服务的发展阶段，分别依赖文献资源、技术工具和人的智慧进行服务。

在传统图书馆中，资源为王，馆藏数量与质量决定了服务水平；在信息服务阶段，图书馆主要依赖各种技术将纸质资源数字化，并提供各种形式的服务；在智慧图书馆建设中，馆员的智慧显得尤为重要，图书馆更重视馆员的专业素养和其提供的智慧型的知识服务。智慧图书馆中的知识服务更多的是一种知识增值服务，可将多源数据进行异构处理，再以读者能够理解的形式呈现出来，从而达到快速响应和服务精准、个性化等效果。

馆员是智慧图书馆建设中最核心的构成要素。离开了馆员，技术再先进也无法体现智慧性。在初期的智慧图书馆概念中，馆员因素未被纳入其中，随着智慧图书馆研究的深入，馆员因素越来越重要，其不可或缺性日益突显。

在许多人的印象中，馆员的工作就是借书、还书、整理图书上架、咨询等，许多人甚至认为馆员会被技术所取代。作者认为以上的这些服务，随着技术的进步，技术能取而代之，甚至比馆员做得更好，但这并不意味着馆员在智慧图书馆中毫无价值，相反，在智慧图书馆建设中更能发挥馆员的价值，使其从低层次服务向高层次服务转变。在智慧图书馆建设中，馆员要掌握最新的技术、最前沿的理论，具有活跃的创新精神，充分发挥沟通协调的作用。智慧图书馆的兴起促进了馆员技能和能力的不断提升，以适应技术的迅速发展。馆员需要采取更加主动积极的态度，深入了解读者需求，以实现主动提供服务，而非被动响应。图书馆馆员会综合考虑读者的需求，运用专业技能和知识来深入挖掘和整合信息，通过读者所期望的形式来实现个性化展示，满足读者的个性化需求。

传统的图书馆通常提供规模化服务、标准化服务，而智慧图书馆则提供定制化、个性化的服务。

智慧图书馆的建设和发展始终以读者为中心，读者是其出发点与落脚点，同时也是不断推动其发展的核心动力。资源只有得到利用，才能充分发挥其价值，而读者便是资源利用的主体，所以许多图书馆将读者到馆数量、图书借阅数量、活动参与人数、电子资源下载量等作为重要的评估指标。读者是智慧图书馆赖以生存的构成要素，一切有关智慧图书馆的建设都是围绕更好地为读者服务而展开的。在传统图书馆中，阅览图书、借阅图书的用户被称为读者。随着数字图书馆、智慧图书馆的发展，人们对数字资源的需求越来越大，"读者"这一范畴扩大到使用图书馆及其资源的用户，所有人都可以被视作是图书馆的服务对象，统称为读者。读者不仅仅是智慧图书馆提供服务的对象，还能积极参与智慧图书馆的建设与发展，与图书馆员工共同合作，实现协同互动，推动发展。

第四节　国内外智慧图书馆的研究概况

一、国内智慧图书馆的研究概况

自 2010 年起，我国智慧图书馆的理论研究开始兴起。虽然起步相对来说晚一些，但是最近几年相关文献的发表数量一直在增加，尤其是 2019 年和 2020 年，增长速度显著，处于高速发展阶段。因此，据作者看来，智慧图书馆依然是一个值得持续研究的主题。在智慧图书馆方面，我国实践相较于理论要更早。得益于移动通信技术的发展与进步，早在 2005 年，上海图书馆就开始推广手机移动图书馆服务。另外，台湾地区的台北图书馆也采用了 RFID 技术（Radio Frequency Identification，简称 RFID）打造了无人图书馆。这些都代表了我国早期对智慧图书馆的探索，展现出了一定的智能特色与智慧性。

目前，上海和南京是智慧图书馆研究的主要地区，已经形成了很多个作者合作群，虽然规模不大，但是得到了基金的支持，跨机构合作较少。

对于智慧图书馆的研究重点而言，会随着阶段变化而有所变化，最初阶段的研究着重于探索基础理论，而后阶段则更关注实践应用。随着智慧服务的进步，研究的焦点正逐渐转向与智慧服务密切相关的智慧馆员和智慧信息技术的研究。总的来说，主题研究是一个渐进的过程，从理论到实践、服务研究到技术研究都会涉及，体现出紧跟时代发展趋势的研究风向。

智慧图书馆研究尽管在目前取得了一些成就，但仍呈现出技术研究比重大、服务研究比重偏小、被边缘化的趋势。从表面上看，这是由服务理论方面的研究相对较少所致，亟待加强；从根本上看，则是由学术界对智慧图书馆的研究，尤其是对技术方面的研究偏重所致。

当前，我国对智慧图书馆的研究，主要集中在以下五个方面：（1）关于智慧图书馆的定义、内涵、特点等方面的探讨；（2）提供智慧化的服务；（3）智慧图书馆中馆员如何发挥作用；（4）讨论智能图书馆技术，旨在提高图书馆的智慧化程度；（5）探讨智慧图书馆未来的发展方向，包括潜在的问题和挑战。

二、国外智慧图书馆的研究概况

智慧图书馆的概念最早由芬兰的艾托拉提出。自该概念被提出后，国外对智慧图书馆从多个角度进行了研究，如智慧图书馆的相关内涵、智慧图书馆的信息技术应用、智慧图书馆的智慧服务等方面。

（一）智慧图书馆的相关内涵研究

自出现"智慧地球"这一概念以来，智慧城市建设越来越受到社会的广泛关注。在智慧城市的建设中，智慧图书馆扮演着不可或缺的角色。某些国外的学者认为，智慧图书馆应该像拥有丰富知识和经验的个体经济人一样，具备应对特定问题的能力；智慧图书馆是整个智慧城市建设的核心，可以将城市中的人联系在一起，能实现经济的可持续发展。对于这种观点，作者并不是很赞同。智慧图书馆即使再重要也不可能发挥城市的中枢作用，不能承担起如此重任。图书馆的使命是传承历史文化，职责是最大限度地做好读者服务工作。城市的中枢可将所有人联系起来，这不是图书馆的职能。美国北德克萨斯州大学的 Z. 塔拉（Z.Tara）等认为智慧图书馆的定义是动态发展的，随着技术的变化而变化，它跨越了时空障碍，由有形的纸质图书服务向无形的信息服务转变。[1] 这种转变是不可逆的，但并不意味着传统的有形的纸质图书服务不重要，智慧图书馆只不过是提供了更为高级的服务而已。俄罗斯西伯利亚联邦大学的巴雷舍夫（Baryshev）等认为智慧图书馆的主要功能是服务，而不是片面强调设备、人员与资源等要素，这也是

---

[1] 吴闯，孙波，王春蕾等. 国外智慧图书馆现状研究与启示 [J]. 新世纪图书馆，2019（11）：90-95.

智慧图书馆建设的出发点。①还有一些学者对于智慧图书馆的认识和理解较为简单，认为其主要借助移动互联网技术来实现不受时空限制的图书资源分享机制；智慧图书馆就是一种图书资源分享机制，其技术基础为移动互联网技术，这其中包含着智慧图书不会受到时间以及空间的限制。马克·米勒认为智慧图书馆是现代软件质量工程、计算机科学、互联网技术等在传统图书馆中的创新应用，其价值在于减少图书馆管理人员的错误，以便更好地满足读者需求，提高图书馆服务的效率和质量。②同时，有学者认为智慧图书馆通过全面、个性化和多维度的服务，满足不断变化的读者需求，将如感官技术等智能技术、馆员的持续教育、读者的培养三者相结合，让图书馆自身具备不断适应的能力。

（二）智慧图书馆的信息技术应用研究

随着信息技术的高速发展，物联网、大数据、云计算、人工智能等新兴技术与图书馆的融合推动了智慧场所、智慧馆藏和智慧服务的发展。在图书馆中首次使用 RFID 技术（Radio Frequency Identification，简称 RFID）的是新加坡国家图书馆。之后，许多国家的图书馆开始使用 RFID 技术。这些国家大多经济相对发达，RFID 技术相对成熟，如荷兰、美国和德国等。由于 RFID 技术，消耗的经费较多，并且需要一定的技术支持，所以只有经济实力和技术水平雄厚的国家的图书馆，才能较早地使用 RFID 技术（Radio Frequency Identification，简称 RFID），如美国的杰弗逊图书馆、圣安东尼奥图书馆等。

定位系统是智慧图书馆的重要组成部分。意大利米兰理工大学与西班牙海梅一世大学分别研发了基于小组讨论的定位系统与地理信息系统，以帮助学生更好地发布定位与寻找藏书。地理信息系统已经在智慧图书馆中广泛使用，主要帮助读者根据自己的定位查询所需图书位置，以可视化的方式指引读者找到图书，从而大大降低了读者找书的难度，节省了读者的时间。

智能代理技术在智慧图书馆的建设中也经常使用。智能代理技术能自动收集信息并提供服务，从而根据收集到的检索信息智慧化地向读者推荐相关的主题，为读者提供个性化服务。

大数据分析也被应用到智慧图书馆的服务中。我们可对海量的读者信息通过

---

① 吴闯，孙波，王春蕾．国外智慧图书馆现状研究与启示 [J]．新世纪图书馆，2019（11）：90-95．
② 段美珍，初景利．国内外智慧图书馆研究述评 [J]．图书馆论坛，2019，39（11）：104-112．

大数据分析、数据仓库等技术与方法进行分析，了解读者画像，对读者的网络个人行为，如借阅信息等进行分析，从而为读者提供智慧化的信息服务。

在上述研究中，学者主要探讨了RFID技术、定位系统、地理信息系统、大数据分析、智能代理技术等一系列技术在图书馆中的具体应用。这里列举的技术仅是智慧图书馆建设的一部分，实际上，还包括了其他多种技术。

随着技术的发展，更先进的技术也将被应用于图书馆中。因此，图书馆技术应用研究是一个永不停止、持续更新的研究主题，值得科研人员持续关注。可以说，先进的技术推动了智慧图书馆的发展，也为智慧化服务提供了保障。

（三）智慧图书馆的智慧服务研究

智慧服务是智慧图书馆建设的核心，即智慧图书馆建设的目的是为读者提供智慧化服务。随着信息技术的介入，传统的馆员与读者之间的关系发生了变化，馆员应主动地为读者提供服务；个性化服务等让图书馆服务变得更为智能。有学者提出利用智慧图书馆平台对多源数据进行异构处理，这些数据包括图书馆自身拥有的读者大数据，以及教育机构信息系统的数据，通过对这些数据的分析处理，为读者提供精确的个性化服务。蔡崇信（Joseph Tsai）和印度的研究学者P.利亚潘（P.lyappan）分别基于自适应共振理论和动态借阅策略，提出了类似的理论。为此，美国的乔治·华盛顿大学将智慧图书馆服务嵌入科研和教学中，让其支持学校的教学与科研工作，实现资源共享。

有关智慧化服务的研究，不管是基于什么理论，其最终目的都是为读者提供个性化的推荐服务。作者认为对智慧图书馆的智慧服务方面的研究重点主要是如何准确挖掘读者的潜在需求，如何通过信息技术将解决方案推送给读者。因此，相关的研究有很多：一是如何准确挖掘与预判读者的信息需求；二是如何让这些需求精确地与理想的服务相匹配；三是如何将这些服务以合适的方式呈现给读者，以便让读者更好地接收信息。只有真正做好以上这几点，才能真正体现智慧图书馆的意义和价值。

第二章 智慧图书馆的架构要素

本章主要介绍智慧图书馆的架构要素，主要从四个方面进行了阐述，分别是智慧图书馆的建设目标与框架设计、智慧图书馆的馆员、智慧图书馆的资源以及智慧图书馆的服务。

第一节 智慧图书馆的建设目标与框架设计

一、智慧图书馆的建设目标

建设智慧图书馆需要采用信息技术、物联网等先进技术，综合考虑到每个图书馆独特的需求和特点，从而全面提升图书馆形态，而不是简单地进行技术叠加。据国内外专家的研究，我们对高校智慧图书馆的建设目标进行了归纳，主要包括以下四点。

（一）建设一个全面感知的智慧图书馆

智慧图书馆的智慧管理和智能服务离不开感知系统和感知技术。这些技术可以帮助我们收集与图书馆运营、用户行为以及外部数据相关的所有数据，并加以储存和分析。这是智慧管理与服务的前提与基础。

（二）建设一个广泛互联的智慧图书馆

通过广泛互联，智慧图书馆可以实现各相关元素和参与方之间的相互连接，包括人人、书书、书人之间的连接，还有馆馆、网网、库库之间的连接。过去图书馆各个单元和服务模块相对封闭，通过广泛互联实现有机的融合与互联互通，并创造出全新的价值。

（三）建设一个开放泛在的智慧图书馆

现代图书馆强调开放，开放是其存在和发展的重要方式。开放既是指"时间的开放"，即图书馆开馆的时间更长，也是指服务范围的开放，既服务于本单位、本系统的用户，也向社会公众提供服务。泛在是指图书馆的服务不仅存在于图书馆的物理场所，同时也向互联网、移动终端、社交网络平台等多场所、多维度延伸，以数字图书馆、移动图书馆、微信服务平台等形式为用户提供服务。

（四）建设一个深度融合的智慧图书馆

物联网、大数据、云计算和以 5G 为代表的移动通信网络等在图书馆建筑功能设计、图书馆资源建设、图书馆管理和服务等环节上应用，通过将图书馆资源、服务与图书馆平台、设备有机结合，使用户可以在一个统一的平台上享受一站式、一体化的服务体验。

归纳而言，高校建设智慧图书馆的目标是构建一个全方位、开放泛在、广泛互联、全面感知、深度融合的图书馆，图书馆的功能和框架设计也必须要围绕这一目标来展开。

二、智慧图书馆的框架设计

作者以高校智慧图书馆为例，根据高等院校的具体特点，以及高等院校图书馆的定位与功能，并结合国内智慧图书馆项目经验，设计一套适合高等院校的智慧图书馆系统框架，并对它的内部要素进行分析，进而为读者阐述智慧图书馆的框架设计。

（一）高校智慧图书馆框架

全校师生是高校图书馆的主要用户群体，此外，高校图书馆也会为校外的用户提供一些信息服务。根据不同定位，高校智慧图书馆的框架可以分为以下几个层面：技术层、系统层、感知层、数据层与资源层、应用服务层。

1. 技术层、系统层、感知层

（1）技术层

在智慧图书馆中，技术层主要是为其提供技术上的支持，是组成系统层的技术来源。具体包含以下技术：互联网技术、大数据技术、云计算技术、物联网技术、社交网络技术、资源整合技术、移动通信技术等。

（2）系统层

智慧图书馆各种应用都需要依赖系统层提供的支持和保障，系统层是一个保障系统。换言之，只能通过系统层来实现所有应用服务。系统层的主要组成部分包括数据管理层、统一认证系统、数据分析层、信息共享系统、移动图书馆、数据库系统。

（3）感知层

智慧图书馆在运行的过程中，其运行的基础数据采集和环境感知主要依赖于感知层，该层拥有多项功能，包括RFID感知、二维码认证、湿度感知、声音感知、烟雾感知、温度感知、光度感知、智能定位。感知层作为智慧图书馆的"神经元"，能够时刻感知外界信息并传递给智慧图书馆，让其能够及时作出响应。

2. 数据层与资源层

（1）数据层

数据层提供智慧图书馆所需的各种数据，包括原生数据（图书馆原有的或购买的数据）和再生数据（图书馆各个主体在使用图书馆过程中产生的数据），主要有馆藏结构化数据、馆藏非结构数据、馆外资源数据、用户行为数据、管理行为数据和感知系统数据。

（2）资源层

智慧图书馆的内容资源来源于资源层，资源层是智慧图书馆的核心组成部分，承担着提供资源内容的重要角色。可以说，资源层是智慧图书馆的"血液和肌肉"，是信息资源的主体，资源层提供的资源可以满足用户的需求。资源层主要包括但不限于：藏印本资源、多媒体资源、数据库资源、馆藏数字资源、馆外信息资源、学术数据资源。

3. 应用服务层

应用服务层是智慧图书馆实现其价值的主要平台，其面向的对象为图书馆管理和应用主体。

（1）应用层

智慧图书馆价值的实现主要依靠应用层，因为应用层是承载各项应用的关键系统。应用层的组成包含了智慧馆员系统、智慧感知系统、智慧社群系统、智慧管理系统、智慧学习系统、智慧资源系统、智慧服务系统等。

（2）服务层

智慧图书馆的终端是服务层，它也是智慧图书馆的核心价值。这主要涉及两个方面，一是涉及参与主体，其中包括图书馆的馆员和管理者、校内外用户以及合作伙伴。另外一个方面是服务平台和终端，其中包括内网平台、移动应用平台、互联网平台、智能显示平台。尽管图书馆一直是一种公益机构，但现代图书馆特别是高校图书馆提供了一些专注于满足用户深层需求的服务，鉴于此，智慧图书馆也会拥有一些合作客户。

（二）智慧图书馆应用系统建设

应用系统是图书馆服务的重要平台与窗口，直接服务于用户需求，支撑智慧图书馆的业务运行，并满足参与主体的应用需求，它是智慧图书馆发展的关键保障。对于智慧图书馆的应用系统而言，应该在对数字图书馆、虚拟图书馆等原有的系统进行保留与传承的基础上，实现技术的创新与服务的升级，以此为基础和前提，发展成新的模式与系统。

1. 智慧感知系统

智慧图书馆的基础应用系统是智慧感知系统，它获取各种感知数据主要是借助各种感知手段，并且将其应用到实际的业务中，不仅包含图书馆运行状态感知系统，还包含智慧环境感知系统。

（1）图书馆运行状态感知系统

利用电子显示屏、感应器、电子摄像头和互联网、移动通信网络等软硬件设备，来实时监控图书馆运行情况，并及时传递和接收信息，主要包括图书馆人流量信息、读者到馆信息、图书期刊借还信息等，系统能够根据一定时间内用户使用图书馆资源和服务的信息，及时计算并作出反应，方便图书馆进行资源建设和读者服务工作的调整。

（2）智慧环境感知系统

主要是利用物联网技术对图书馆各个功能空间以及图书馆分馆馆舍空间进行实时的环境监控和感知。包括对光照、温度、湿度、烟雾、声音等进行监测，及时返回数据，以供图书馆管理中控系统及时对环境变化作出应对。

光度感知，就是需要对馆内各个区域的日光照射情况进行及时监测，并根据监测数据以及实际需要对光线的强弱进行调整。温度感知，就是需要对每个阅览室和馆藏室的温度进行实时的动态监测与掌握，并根据需要进行调整，以保持合适的温度状况。湿度感知，主要是用于监测特殊馆藏物的湿度水平，以便采取必要的湿度控制措施进行控制，保护特殊馆藏物。烟雾感知，主要为了及时发现火灾隐患，防止火灾事故的发生，需要实时感知烟雾情况并关注敏感区域和重要馆藏场所，以便在火灾事故萌芽阶段将其消灭。声音感知的目的是及时获取环境中的噪声参数，以便及时干预馆内所出现的异常情况。

利用智慧图书馆的智慧环境感知系统，可以智能地控制图书馆的电力和水资源，根据光照、室内外温度和人流密度等因素来实现对图书馆管理的自动调节和控制，从而实现节省能源和减少浪费的目的。我们可以借助图书馆运行状态感知系统，有效预防和控制对图书馆安全构成威胁的事件，实现智能化安防。

2. 智慧资源系统

智慧资源系统是智慧图书馆存在的根本，是智慧图书馆最重要的内容。它又包括4个子系统。

（1）知识发现系统

Knowledge Discovery in Database，简称KDD，中文为知识发现，旨在从多种不同媒体表示的信息中获取知识，以满足不同需求，让用户无需处理原始数据的复杂细节，而直接获取简明易懂的有用知识。该过程会从原始数据中提取有意义的信息，并将其报告给用户。知识发现系统利用多种技术，如数据仓储、数据分析、知识挖掘、资源整合、文献计量学模型等，解决不同类型的、复杂异构的数据库群的集成整合难题，以此来实现高效的、统一的、准确的学术资源搜索，借助引文分析、知识关联分析等来发现高价值的学术文献，深度挖掘纵横结合的知识，同时也可以实现可视化的全方位知识关联。

（2）数字资源定位系统

用户借助数字资源借阅终端能够对各种数字资源的位置实现轻松的查找，此外，用户也可以根据需求对各类数字资源进行使用。

（3）统一检索系统

之所以建设统一检索系统，是因为建造一个可以为读者提供便捷的、强大的、个性化的服务平台与检索平台，实现创建具备高用户黏性的个性化图书馆的目标。这个系统应当具备以下功能：一是能够与互联网账户实现无缝对接，支持微博、QQ、微信等账户登录；二是实现书评网和网上书店的跨平台连接；三是针对个人的喜好和阅读历史以及借阅排行进行新书推荐；四是提供读者推荐的绿色通道；五是实用并且非常简单的期刊目次推送服务。

（4）特色资源管理系统

对图书馆拥有的不同特色资源进行分类管理，并对其进行数字化处理，从而建立一套既规范又科学，既简单又分类清晰的特色资源服务系统。通过云服务平台，实现资源对接服务，方便用户查阅。借助所搭建的资源共享平台，使这些主要呈现当地历史、教育、文化、科技等方面的特色资源，实现更好的传播与共享。

3. 智慧管理系统

图书馆管理者与馆员是智慧管理系统的应用主体，该系统根据图书馆的发展和业务需求，依托于多种先进技术，旨在推进图书馆管理的智慧化发展。这个体系主要涵盖以下几个子系统。

（1）RFID 系统

Radio Frequency Identification，无线射频识别系统，即 RFID 系统，这是一种通信技术，能够通过无线电信号来识别指定目标，读取和写入特定数据，在系统与特定目标之间无需建立任何机械接触或光学接触。它是"物联网"中的关键技术之一，近年来备受瞩目。英国是 RFID 技术的发源地，这项技术最初用于第二次世界大战期间，主要是对敌我飞机的身份进行区分，自 20 世纪 60 年代以来被商业应用。RFID 技术是一种无需人工干预即可自动识别物品的技术。自 2005 年 1 月 1 日起，美国国防部规定所有军需物资必须使用 RFID 标签。从 2006 年开始，美国食品与药品管理局提出建议，要求药品制造商利用 RFID 技术对经常被伪造的药品进行追踪。之后，RFID 技术被沃尔玛（Walmart）等零售业巨头广泛应用，在全球范围内掀起了应用 RFID 技术的热潮。在 2000 年，每张 RFID 标签的价格为 1 美元。在许多研究者看来，RFID 标签的成本昂贵，要想实现大规模的使用就必须降低成本。在 2005 年时，每个 RFID 标签的成本约为 12 美分，而现在使用超高频 RFID 技术的标签成本约为 10 美分左右。

  为了使 RFID 技术得到广泛应用，需要从两方面入手：一方面，需要降低 RFID 标签的成本，另一方面，需要考虑 RFID 应用对增值服务的贡献。欧盟统计办公室的统计数据表明，2010 年，欧盟有 3% 的公司应用 RFID 技术，应用分布在身份证件和门禁控制、供应链和库存跟踪、汽车收费、防盗、生产控制、资产管理。①

  目前，在图书馆智慧化的建设中，RFID 技术被广泛采用，并已成为智慧图书馆的重要技术之一。总体来看，当前的图书馆所使用的 RFID 正在慢慢过渡到超高频标签，以往存在的跳频、设备成本高、存储容量小等问题也逐渐得到解决。同时，RFID 技术被应用到了图书的自动借还服务中，对借书的流程进行了简化；还能实现自动分拣、自动盘点、安全防盗；根据用户的需求与情况，为应用开发独具特色和个性化的功能，以最大程度地发挥应用程序的潜力。为实现智慧图书馆建设，RFID 系统建设是必不可少的。因此，在建设智慧图书馆的时候应该充分考虑到自身需求，选择成熟可靠的产品，并确保各个系统之间可以实现互联互通，只有这样才能保障采集的数据可以被各应用系统有效利用。

（2）二维码

  二维码是一种技术手段，具有高容量的信息表达能力，可以用来编码文字、图像，甚至声音等信息，近年来，该技术得到广泛应用。在智慧图书馆中，二维码有着多方面的应用：一是使用二维码扫描替代身份验证，实现无需证件的借还；二是在需要的位置提供二维码使用说明；三是二维码在书库中可以提供书籍所归类别和所在书架的信息；四是在二维码中嵌入图书简介和书评等信息，方便读者阅读与分享；五是使用二维码向读者传达图书馆发布的信息及相关位置信息；六是在查询结果页面上添加电子资源链接，读者能够扫描二维码，将资源下载至移动设备等终端。在智慧图书馆的建设中，需要运用二维码技术对部分图书、其他馆藏、读者证和员工证进行编码，以丰富数据采集方式，同时这也为弥补 RFID 等技术的不足提供了一种有效的解决方案。

---

① 计算网平台. RFID 发展背景 [EB/OL]. （2015-08-06）[2023-05-22]. http://www.cncompute.com/news/Internet_of_things/cutting_edge/2015-08/7a6cce348dc99ecea2801dddceb25682.html.

(3)智能定位系统

为了实现对人员、馆藏和图书馆本身的位置感知,在智慧图书馆中必须使用智能定位系统。智能定位系统包括两个定位层面:一是馆外定位,针对馆外定位,系统主要采用GPS技术,能实时感知读者的外部位置信息,并与大数据和云计算技术相结合,为读者提供周边图书馆位置及相关目的地的信息推送,为读者提供全程位置导航服务。二是馆内定位,在图书馆中,定位系统通过WiFi和ZigBee、RFID技术进行人员和馆藏资源的位置定位。其中,人员的定位利用了WiFi和ZigBee(紫蜂),后者是一种在短距离和低速率下可应用的无线通信技术,主要还是以WiFi技术为主,同时辅以ZigBee,以提高定位的准确性。图书馆利用RFID智能感知技术定位馆藏资源,通过智能书架感知系统感知馆藏品上的RFID信息,图书馆管理系统和读者的移动设备可以得到感知结果反馈,实现对馆藏资源的即时定位,从而为用户提供更人性化的服务。为了让智慧图书馆更好地服务读者、馆员和图书馆管理,需要综合应用各种定位技术,以实现基于位置的服务,从而产生更多效益。

4. 智慧学习系统

智慧学习系统是一种网络平台,为师生提供一种实时与非实时的教学辅导服务,它是一种包括了多种服务在内的综合性的教学服务支持系统,具体包含网上教学和教学辅导、网上图书馆技能学习、网上自学、网上师生交流、网上学生培训学习、网上测试、网上作业、质量评估等服务。智慧学习系统主要目的是协助系统的管理者对各种各样的学习内容活动进行掌控,对学习者的学习情况与学习进度进行记录。通过该系统,管理员能够组织各种学习活动和监控学习者的学习进程。

MOOC(慕课)是一种新兴的在线课程开发模式,其全称为:Massive Open Online Course,即"大规模开放的在线课程"。通过网络学习平台,智慧图书馆用户可以在线接受教育,这样的模式将其他学校的优质资源与本校的图书馆在线平台相结合,实现更好的用户服务,促进智慧图书馆的建设与发展。

5. 智慧馆员系统

智慧图书馆的建设要求图书馆的馆员达到更高的水准,他们需要熟练掌握各类智能应用系统的技术,同时也需要成为解决读者问题的专业人士。在智慧图书馆中,智慧馆员系统是至关重要的核心支持系统,其具备的功能能够提升图书馆整体管理和服务能力。以下是建设智慧馆员系统的主要内容：

（1）馆员工作站业务系统

对于图书馆员来说，馆员工作站业务系统是其进行图书管理工作的基础系统，主要用于核查图书信息、盘点图书、记录图书借阅情况等，需要有针对性地根据高校图书馆具体业务需求来开发。

（2）智慧馆员培训系统

智慧图书馆要求馆员从传统馆员向智慧馆员转型升级，这需要对他们进行培训。因此，我们要建立智慧馆员培训系统，提供给馆员一个良好的学习平台。该学习平台不仅能够满足团体培训的需求，而且还能够满足个人进行单独学习培训的需求。

（3）馆员任务管理系统

为了提高馆员的工作效率、执行效率和管理水平，可以开发一个个性化的任务管理系统，该系统可以根据馆员工作的要求与任务进行任务分配和动态管理，以满足内部的工作流程要求。

（4）馆员综合管理系统

图书馆员可以使用综合管理系统来管理自己的考勤、绩效、财务收支、职务等级等相关业务。这个系统为图书馆员提供自助服务，可以帮助他们更好地管理和处理各项业务，实现自我管理。

6.智慧社交系统

信息技术飞速发展，在改变人们生产方式的同时，也在不断改变人们的生活方式。尤其是在大学生群体中，移动社交应用越来越普遍，学生之间联系的桥梁由以前的打电话、发短信逐渐变为利用微信等手机应用。智慧图书馆建设中的一个重要目标就是拥有强大的智慧社交功能，这也是适应与满足新一代读者发展需求的必然选择。建造智慧社群系统的基本理念是"为读者提供融学习、社交和娱乐于一体的城市空间"，同时结合了线上线下的O2O发展思路，并全面支持读者。以下是智慧社群系统的构建内容。

（1）微信服务平台

对于高校图书馆微信服务平台的功能，我们要进一步扩展和提升，将其打造成一个连接图书馆与读者的桥梁。微信服务平台的主要作用：一是把微信号和借书证号相互绑定，使用户可以直接用微信号进行图书借阅和场馆预约等操作；二是通过微信账号对个人图书馆账户进行管理，可以随时获取各种个人数据；三是通过微信直接获取馆内外资源，包括电子文献和视频等；四是使用微信支付方式支付各种逾期罚款、复印打印等有偿服务费用；五是通过微信预定座位，参加各类讲座、影视频节目演播；六是建立微信学科群，以满足学科发展需求。

（2）读者评价系统

建立一个读者评价系统，读者可以通过这个系统进行评价，或者是分享读书心得，并采用积分制度激励读者对书籍进行更多、更认真、更负责任的评价。

（3）读者荐购系统

为满足读者需求，图书馆可通过读者荐购系统，采购读者推荐且未纳入馆藏的优质图书。图书馆会根据实际需求情况，制定相应的采购计划。

（4）合作客户渠道

合作客户渠道，主要是为各类合作客户提供业务交流和联络平台，如书店、出版商、其他图书馆、地方文化资源提供者、其他与图书馆有业务往来的机构等。通过建立网上的合作客户渠道，为促进合作、简化流程提供技术支持。

7. 智慧服务系统

在智慧图书馆中，智慧服务核心功能包含传统图书馆服务的智慧化提升，也涵盖了利用新技术开展创新服务的方方面面。这个系统主要由以下子系统构成。

（1）自助服务系统

在智慧图书馆中，自助服务非常重要，它一方面可以满足读者自主选择服务的需求，另一方面还能使图书馆的服务效率和水平得到提升。以下是自助服务的具体项目：自助借还、自助办证、自助缴费、自助空间预约、自助打印复印扫描、自助电子资源检索等。

自助服务有非常多的形式，同时，立足于实际需要，不断推出新的自助服务项目以满足读者需求，为读者提供便利。此外，这样馆员就有更多精力专注于为读者提供更专业的服务。

（2）移动图书馆

移动图书馆利用现代移动通信网络、互联网和多媒体技术，突破时间、地点和空间的限制，为读者提供便捷、灵活的图书馆信息查询和浏览服务，让读者通过如手机、iPad、手持阅读器和平板电脑等各类移动设备对图书馆的纸质文献和电子资源进行一站式查找和获取,并通过移动APP享受图书馆提供的各种服务。移动图书馆需要特别关注手机客户端访问联机公共检索目录(OPAC)系统,并为读者提供APP访问权限。读者可以通过APP进行基本字段的检索、书目查询、阅读全文、预约新书、续借图书、接收新书通知和自定义关注等。

(3)个性化定制服务

个性化定制服务立足于读者的喜好、职业、地理位置等实际情况,为读者提供有针对性的、个性化的定制服务。具体提供以下服务:根据读者的喜好进行个性化图书推荐;个性化的数字期刊订阅服务;针对个人兴趣和需求的个性化讲座推荐;个性化科技查询服务;个性化影视媒体欣赏服务。定制化服务与读者的需求相结合,不断优化和升级,尝试推出新的服务项目和服务模式,以满足读者自身需求。

(4)特色服务

基于智慧图书馆的实际需求,提供多种独特的服务。

第二节 智慧图书馆的馆员

智慧图书馆的发展需要基础设施以及人力资源支撑,演进过程中总是人力、技术以及资金雄厚的大型图书馆走在前列。因此,本节所讨论的智慧图书馆馆员配置以大型图书馆为前提。这有利于全面地揭示智慧图书馆发展的人才队伍需求。中小型图书馆可以根据自身实力以及业务需求选择性地设立必要岗位,谋求本馆智慧图书馆方便、快捷以及全面感知的发展。智慧图书馆是对现有图书馆的发展以及传承,对现有知识服务型图书馆在服务上的革新。智慧图书馆与现有图书馆的服务以及馆员能力要求并无冲突,在传承精华的基础上做到更全面立体的感知、更广泛的互联互通、更深入的智能洞察、更高效的协同管理。

一、图书馆员在智慧图书馆中的作用

侯明艳在《智慧图书馆环境下高校馆员的角色转变》一文中,认为"智慧馆员"是参考馆员经历知识服务阶段成为学科馆员之后的另一次嬗变,是从知识服

务走向智慧服务的图书馆新角色[1]。李安在《浅谈智慧图书馆中智慧管理的实现以及智慧馆员的培养》一文中提出，未来的智慧图书馆，应主要招收两种类型的馆员，一种是负责为馆内各种硬件系统正常运转提供支持的技术员，另一种是负责馆藏整理、与读者交流的专业馆员。[2] 储节旺、李安在《智慧图书馆的建设及其对技术和馆员的要求》中指出在智慧图书馆中馆员要做的就是在不破坏用户（读者）行为习惯的基础上，更快更好地回答用户提问。[3] 还有一些学者认为馆员在拥有相关学科知识的基础上，接受过图书情报专业的培训也很重要。图书馆员不仅需要具备个性化、专业化、集约化知识服务的能力，还要具备可以帮助用户提高智慧的能力，只有这样的馆员才有资格成为智慧馆员。除此之外，智慧馆员可以被视为学科馆员技能升华的体现。

从这些学者观点中可以看出以下两点：（1）智慧馆员是知识服务环境中的学科馆员或者参考馆员在智慧服务环境下的发展；（2）对智慧馆员的各方面能力要求更高。

尽管智慧图书馆环境中的图书馆员与学者研究中所描述的"智慧馆员"概念存在区别。但是，在新的工作环境中，所有图书馆岗位都需要积极参与智慧服务，并承担新的职责。一个图书馆的智慧性需要通过提供高质量的服务来展现，而这种智慧性服务质量受到馆员工作能力的影响。许春漫在其文章《高校图书馆智慧服务模式下智慧馆员队伍的建设》中指出，所谓图书馆智慧服务是指依托智慧的专业馆员和优质、多元的信息资源，在互联、智能技术驱动下，提供主动灵活、无处不在、形式多样的能有效支持用户知识应用和知识创新的服务。[4] 在高校图书馆智慧服务中，有四个主要要素——资源、技术、用户和馆员。其中，馆员是最为核心的要素。用户得到智慧是通过馆员的引导，也就是说智慧来源于馆员作用于用户。

"除了智慧的图书馆员，没人能创造出智慧图书馆"。伊安约翰逊在《智慧

---

[1] 侯明艳. 智慧图书馆环境下高校馆员的角色转变[J]. 现代情报, 2015, 35（05）: 165-167.
[2] 李安. 浅谈智慧图书馆中智慧管理的实现以及智慧馆员的培养[J]. 农业图书情报学刊, 2015, 27（11）: 197-199.
[3] 储节旺, 李安. 智慧图书馆的建设及其对技术和馆员的要求[J]. 图书情报工作, 2015, 59（15）: 27-34.
[4] 许春漫, 陈廉芳. 高校图书馆智慧服务模式下智慧馆员队伍的建设[J]. 情报资料工作, 2014（01）: 87-91.

城市、智慧图书馆与智零图书馆员》一文中对馆员的重要性做了深刻描述。[①]并且对智慧图书馆员所具备的基本特征进行了总结：一是有着一定资质；二是追求终身学习；三是社会的多元化以及种族的多元化；四是具有灵活性和创造力；五是拥有广博的知识视野，思维开阔，具备积极参与公共事务的精神等。图书馆业务涉及众多岗位，各岗位对馆员能力要求都各不相同。

二、智慧图书馆馆员结构

常规的图书馆岗位围绕图书馆业务流程分配，馆藏、采编、借阅、流通、咨询以及简单技术支持是其主要业务范围。随着业务发展、编目外包，各馆编目人员的配比正在逐步降低。智慧型图书馆引入大量先进技术，包括移动互联、无线射频以及数据挖掘等，将图书馆的服务引入一个全新的阶段。智慧图书馆中基础服务、自助服务成分增加，专业化、个性化服务的需求增强，就服务深度而言由简单的文献资源服务转变为知识服务，服务形式上从时间和空间上嵌入用户环境。这些服务内容和形式上的转变，对图书馆馆员岗位变革产生巨大影响。

新时期为了适应用户不断变化的需求，革新理念与服务是图书馆发展的动力。

馆员结构也必须为适应这些发展作出相应调整。馆员的组织形式仍然围绕图书馆业务构建，随着图书馆业务的变更，增设某些岗位或者扩大原有岗位的职责范围，是近年来图书馆内部结构变化的显著特点。

图书馆知识服务团队包括专题处理人员、信息咨询人员、管理人员、学科馆员、技术人员、外聘专家。智慧服务团队在智慧图书馆中扮演重要角色，由一支专业团队组成，覆盖图书馆各个业务领域。

例如上海交通大学图书馆，该校图书馆自2008年开始实施岗位分类管理，对200多个岗位的职责和要求进行了系统的规划。首先，将馆员按照岗位的专业程度分为两类——专业馆员和辅助馆员，之后，考虑到各个岗位的业务范畴，又将馆员进行了横向划分，具体分为四类——学科服务馆员、资源建设馆员、技术支撑馆员、图书馆管理馆员；如果基于岗位内容专业程度进行纵向划分，可以分为五个类型——辅助型、技能型、特色专业型、专家级、领军型。

---

① 参考网．图书馆员如何应对智慧图书馆建设 [EB/OL]．（2020-12-24）[2023-04-28]．https://www.fx361.com/page/2020/1224/7380877.shtml．

智慧图书馆应致力于推进专业型馆员的发展，包含学科服务团队（学科馆员、学科情报分析人员、信息素养和教学支持馆员、电子资源建设和揭示馆员、阅读推广和文化活动策划馆员）、科技查新馆员；编目部的外文书刊编目馆员；技术部的技术应用及系统研发馆员；特藏与数字化部的特色馆藏组织和服务馆员、数字化业务管理馆员。这些馆员是及时发现用户需求、跟进技术发展、调整服务形式以及实现智慧服务的中坚力量。

三、智慧图书馆馆员引进机制的考量内容

图书馆事业的成功由馆员个体的努力凝集而成，如果能很好地激励馆员，使之自我实现达到最大化，则必定助推图书馆事业的整体发展与前进。为了吸引有能力的员工，图书馆需制定相应的人力资源开发政策和职业实践规范，以确保其人力资源能够得到统筹规划和有效利用。在引进馆员时，需要考虑以下几个方面内容：

（一）未来发展目标

由于制度变革，各馆的编制都相对紧张且职位已满员。新进图书馆员需要考虑的因素有很多。首先应该关注图书馆未来的发展目标。每个时期的图书馆改革与发展都是一个逐步推进的过程，而人力资源在这个过程中是不可或缺的资源储备。就像制定发展目标一样，馆员配备也需要制定一个长期规划目标。图书馆应该根据其未来的发展方向和目标，对专业人才进行合理配置。智慧图书馆的发展取决于强有力的人才储备，这一点和基础设施建设的重要性不相上下。全面感知的智慧系统的正常运转，以及个性化的推送服务系统的正常运转都需要信息技术处理馆员以及服务内容规划执行馆员进行业务处理。图书馆应考虑在合适的时间内有规划地引进符合要求的馆员，这也是图书馆规划中的重要组成。

（二）现有馆员配置

在考虑配置新馆员的同时，也需要充分考虑现有馆员的配置情况。年龄构成、技能水平结构、学科领域结构，以及外语熟练度结构，都应该作为重要的因素被认真地收集和分析。在图书馆内，人群的年龄分布应该合理，以避免出现人才断层的情况，这样才能构建一个井然有序的小型社会。人力资源中同质性过高会造成浪费，鉴于此，需要对技术结构与学科结构进行考量。对于学科情报服务而言，

外语能力的重要性不可忽视，它扮演着掌握世界各地发展动态的关键角色。因此，在图书馆馆员的配置中外语结构也是需要着重考虑的因素。

（三）本馆发展前景

对于人才来说，图书馆未来的发展潜力是吸引他们的一项重要优势。图书馆应该对自己未来的发展方向有一个清楚的认识与了解，并以此为依据确定招聘要求。在尽量吸引最适合的人才的同时，满足本馆的期望和实际需要。

图书馆事业仍然需要专业人才的维护，建立行业准入机制是广大同行一直在努力的事情。各馆应根据自身情况制定合理的准入门槛，让具有优秀素质的人才得到合理利用。除此之外，良好的培训与发展机遇同样是吸引人才的法宝。

第三节　智慧图书馆的资源

图书馆的资源是图书馆一切工作的前提，是图书馆最核心的"产品"，在图书馆工作中处于重要的地位。智慧图书馆离不开智慧图书馆中所存储的资源，包括印本资源、数字资源、多媒体资源、数据资源和开放信息资源在内的众多资源类型，共同构成了智慧图书馆的资源体系。

当前智慧图书馆建设中，除了要满足用户通过智慧图书馆获取泛在服务外，还应存储一定量的纸质馆藏。这是因为，智慧图书馆虽然依托智慧化的技术，构建了智慧化的管理和服务系统，从而提供智慧化的服务，但大部分智慧图书馆同时承载着传统图书馆的功能，图书馆具有搜集和保存人类文化遗产的职能，所以智慧图书馆也必须保存一定量的纸质文献。除此以外，智慧图书馆应不遗余力地开发数字资源、多媒体资源等，这也是由智慧图书馆的性质和特点所决定的。智慧图书馆中存储的资源主要有印本资源、数字资源、多媒体资源、数据资源和开放信息资源等。

一、印本资源

智慧图书馆中的印本资源主要包括图书、期刊、报纸、工具书、学位论文、会议资料等。其中图书是印本资源的主要组成部分，在馆藏资源中占据了绝大部分体量，也是除数字资源外获得资源建设经费最多的资源类型。期刊的时效性较高，一般期刊出版社会定期出版。学术期刊的学术价值比较高，在学术研究中有极高的地位。报纸比期刊的出版频率高，大部分报纸为一天一期，其信息新颖性高，但以新闻性信息为主，也有部分报纸为休闲娱乐类，丰富读者的业余文化生活。工具书是研究学科或领域必不可少的工具类书籍，一般为学校或科研机构的教学科研活动所使用，在图书馆馆藏中使用频率较低，但学术价值很高。大部分高校图书馆具有保存本校学位论文的功能，学位论文具有较高的学术价值，尤其是硕士、博士学位论文，体现了学生研究生阶段的学术研究水平，一般学位论文会花费1—3年的时间完成。会议资料是指在学术交流会议上用于学术讨论、交流的资料和文献的总称，会议资料内容新颖，传递信息比较及时，学术价值比较高。除此以外，一些高校图书馆的印本资源还包括专利文献、标准文献等特种文献，它们也具有较高的收藏和学术价值。

（一）图书

图书是一种在一定形式的材料之上记录文字或其他信息符号的著作物，其目的是传播知识。图书是一种特定且不断演化的知识传播工具，是人类社会实践的结果。

不论是古代使用竹木简牍制成的书籍，还是如今各种类型的图书，它们都拥有一些共同的构成要素，只要仔细研究和分析，就可以发现这些成分包含以下几个特点：（1）传播知识信息；（2）需要有文字或者图像的记录来保存知识；（3）需要有物质载体，储存文字和图像信息；（4）生产图书的基本条件之一是图书生产技术和工艺水平。

图书的类型：图书按学科划分为社会科学和自然科学图书；按文种划分为中文图书和外文图书；按用途划分为普通图书和工具书。

图书的特点：与其他出版物相比，图书的特点为：（1）内容比较系统、全面、成熟、可靠；（2）出版周期较长，传递信息速度较慢。

（二）期刊

期刊的出版由合法设立的出版机构进行。在中国境内，想要出版期刊，出版单位必须通过国家新闻出版署的批准，并且需要获得国内统一连续出版物号以及领取《期刊出版许可证》。就期刊分类而言，它可分为两大类——非正式期刊和正式期刊。非正式期刊是指获得行政部门审批颁发的"内部报刊准印证"，用于行业内部交流，一般不公开发行。尽管其不同于正式期刊，但仍然是一种合法期刊。正式期刊需要得到国家新闻出版署和国家科委的商定，并且必须在规定数额内审核通过，同时需要编入"国内统一刊号"。办刊申请，是非常严格的，需要具备一定的实力并拥有独立的办刊理念和方针。

"CN号"是指"国内统一连续出版物号"，也称为"国内统一刊号"，主要是由新闻出版行政部门分配，是给连续出版物所分配的代号。"国际标准连续出版物号"的简称是"国际刊号"，通常表示为ISSN号。我国许多期刊都有对应的ISSN号。

除此之外，期刊就像报纸一样，分类可以基于不同的视角。有多少种分类结果取决于有多少个角度，如果角度太多，那么分类会变得繁琐。一般来说主要从以下三个角度对期刊进行分类：首先，按学科进行分类，主要分为五类：（1）马列主义、毛泽东思想；（2）哲学；（3）社会科学；（4）自然科学；（5）综合性刊物。在以上这五个基本的分类中，每一个又可以分为很多细分类，比如社会科学，可以被分为社会科学总论、政治、经济、军事、文化、教育、科学、语言、文字、体育、艺术、文学、地理、历史。其次，按照内容进行分类，期刊被分为四类，分别是：（1）一般期刊；（2）学术期刊；（3）行业期刊；（4）检索期刊。一般期刊，有着非常广的读者面，注重知识性与趣味性的结合，主要代表如我国的《大众电影》《人民画报》，美国的《读者文摘》《时代》等。学术期刊，其对象主要是专业工作者，主要刊载学术论文、评论、研究报告等文章。行业期刊，主要对各行各业的产品、市场现状、管理进展和动向进行报道，比如，《摩托车信息》和《家具》等期刊。检索期刊，例如《全国报刊索引》《全国新书目》等。最后，期刊可以按学术地位进行分类，具体分为两类：核心期刊和非核心期刊。

（三）报纸

报纸是定期印刷并向公众发行的出版物，其主要内容为新闻报道和时事评论。作为一种重要的大众传播工具，它能够广泛传播信息并对社会舆论起到反映和引导的作用。

自公元前60年，古罗马政治家恺撒在白色木板上记录罗马国家发生的大事以来，报纸便开始了其悠久的历史。这是全球历史上最为古老的报纸。中国最早的报纸是汉代的邸报。在1450年，德国的谷登堡发明了金属活字印刷技术，这使得印刷的报纸开始流通。哥伦布航海的消息在1493年登上了罗马发行的报纸。在过去，只有出现引起公众注意的大事件时才会发行报纸。

德国在1609年推出了定期报纸，虽然它只是每周发行一次，但它的影响力很快扩及全欧洲。1650年德国发行了第一份日报。在法国报纸直到1631年才问世，而在英国报纸则是因政治事件的发生才得以出现。在1704年美国独立前，一份名为《波士顿通讯》的报纸由波士顿邮局的局长发行，这是美国历史上第一张报纸。当欧洲进入资产阶级革命时期，报纸已在欧洲各国普及开来，并受到越来越多的人欢迎。

报纸在19世纪末到20世纪初，经历了一次重要的"飞跃"，实现了从"小众"到"大众"的转变。报纸的发行量在这一时期出现了直线上升的情况，从以往的几万份激增到十几万份、几十万份乃至上百万份。由此可见，报纸的读者范围也在不断扩大，从以往的上层人士扩展到了中下层人士。正是由于数量的积累所引发的质的变化，标志着大众传播时代的到来。资本主义的发展也因这次"飞跃"达到了顶峰。

1. 职能

从不同角度看待报纸的职能会得出不同的结论。如果站在政党机关报的视角来看，报纸的职能就如同毛泽东所说："报纸的作用和力量，就在它能使党的纲领路线、方针政策、工作任务和工作方法，最迅速最广泛地同群众见面。"[1] 关于报纸的职能，法国新闻学者贝尔纳·瓦耶纳则总结出了三大职能：一是报道职能；二是辩论职能，也就是传播观点的职能；三是娱乐职能，附带职能，这一观点受到了广泛认可。

2. 优点

（1）不会受到时间的限制，可随时阅读，无需担心错过特别时段的报道，与电视或电台节目不同。

（2）可互相分享、传阅，读者数量可以超过印刷数好几倍。

---

[1] 浙江组织工作网. 毛泽东：通过报纸让群众了解党的政策 [EB/OL]. （2018-08-10）[2023-03-29]. http://www.zjzzgz.gov.cn/art/2018/8/10/art_1413013_20221498.html.

（3）即使读写能力较弱的个体，也可以花费更多时间来吸收报纸的内容与信息。

（4）随着互联网的兴起，网上报纸相较传统印刷报纸更易传播。

3. 缺点

（1）由于稿件截稿和出版计划的限制，无法提供最新的信息或对错误进行及时更正。

（2）过多的纸张会让携带和传阅变得困难。

（3）相比于电视和电台的影音片段，图片和文字在报纸上的震撼力和感染力较为有限。

（4）比较容易沾染油墨。

（四）学位论文

中世纪欧洲是学位制度诞生的起源地。巴黎大学在1180年颁发了首批神学博士学位。

德语国家首创的学位论文答辩制度，随后被其他各国（或地区）陆续采纳。一般来说，通过答辩的学位论文都是具有创新性的研究成果，能够在专业研究方面体现作者的研究能力和水平。因为不同的国家有着不同的教育制度，各个国家所规定的授予学位的级别也是不同的，因此，对于学位论文来说可分为学士学位论文、硕士（或副博士）学位论文、博士学位论文。其中，博士学位论文有着较高的学术价值，自20世纪中后期以来，世界上每年大约有10万篇的博士学位论文和硕士学位论文产生。

对于学位论文来说，在少数情况下会在答辩通过后被发表或出版，大部分学位论文不对外公开发行。它们仅有一份复印品被保存在授予学位的大学的图书馆供读者阅览和复制。一些国家的大学图书馆为了最大限度地利用学位论文的研究价值，将它们转换成微缩胶片，并以目录、索引的方式进行编目，从而建立专门的学位论文数据库。在一些国家，学位论文的管理被集中化进行，例如英国的做法是将学位论文统一存储在不列颠图书馆中，并且这些学位论文是不可以外借的，只能提供原文的缩微胶片。日本国立国会图书馆负责管理日本的学位论文。从1938年开始，美国的大学缩微胶卷公司就开始编辑和出版《国际学位论文文摘》月刊，其中分为人文与社会科学的A辑和科学与工程的B辑，并在1976年新增了欧洲学位论文的 C 辑（季刊）。据报道，该公司于 1973 年推出的《学位论文综合索引》收录了 1861 年到 1972 年期间来自美国、加拿大和一些其他国家（或地区）的 400 所大学的 41.7 万篇博士论文。该索引提供按照主题和著者姓名进行检索的功能，方便用户查找相关的内容。

学位论文是作者为了获得所修学位而撰写的论文。根据申请的学位种类，学位论文可以分为三类，分别是学士论文、硕士论文和博士论文。

学位论文可以根据其采用的研究方法分为三类：一是理论型，该类型的论文所使用的研究方法主要是理论证明、理论分析、数学推理等，主要目的在于获得科研成果；二是实验型，通过实验方法进行科研探究，获得研究成果的一种学术论文类型；三是描述型，通过运用比较、描述、说明的方法，研究新出现的事物或现象，从而获得科学研究成果。

根据不同的研究领域，学位论文可以分为两大类：一是人文科学学术论文；二是自然科学学术与工程技术学术论文。这两类论文具有相似的文本结构，并且有长期被使用和参考的价值。

博士学位指的是符合以下学术标准的研究生：高等学校和科学研究机构的研究生、具有研究生毕业同等学力的人才，在通过博士学位的课程考试和论文答辩之后，取得合格的成绩并且可以达到以下的学术水平才能获得博士学位。

（1）在本学科领域拥有深厚广泛的基础理论和系统专业知识；

（2）具备独立自主开展学科研究工作的能力；

（3）在科学或专业领域中产生独创性的成果。

硕士学位指的是那些在高等学府或科研机构攻读硕士学位或者通过同等学力考试获得硕士学位资格的研究生，硕士学位只有在课程考试和论文答辩中取得合格成绩，并达到下列学术水平，才能授予。

（1）获得本学科广泛而稳固的基础理论和深入系统的专业知识；

（2）具备独立开展学科研究工作的能力；

（3）在科学或专门技术上可以产生具有创造性的成果。

学士学位，指的是在高等学校完成本科课程学习，且成绩良好，达到以下学术标准可以被授予的学位。

（1）具备扎实的本学科基础理论、专业知识，掌握基本技能；

（2）初步具备从事科学研究或承担专业技术工作的能力。

（五）特种文献

特种文献是指那些在出版、发行和获取方面与一般科技文献不同的文献类型。包括七大类：会议文献、科技报告、专利文献、学位论文、标准文献、科技档案、政府出版物。特种文献独具特色，包含丰富广泛的内容，数量众多，具有非常高的参考价值，是一种极为重要的信息来源。一般而言，高等院校馆藏的特种文献包括会议文献和专利文献。

（1）会议文献，主要是指在学术会议上进行交流与宣读的论文。一般来说，会议的文献资料会在会议结束后进行整理并出版，这些出版物包括会议纪要、会议论文集以及会议论文汇编。

（2）专利文献，从狭义角度来看，专利文献指的是专利部门发布和出版的如专利说明书、权利要求书等各种专利出版物。从广义的角度来看，专利文献具体包含：专利公报、说明书摘要、与专利有关的法律文件、各种检索工具书等。

二、数字资源

作为文献信息的重要表现形式之一，数字资源是利用计算机技术、通信技术以及多媒体技术的相互融合，将信息资源以数字形式发布、存取和利用的总和。就数据的组织形式而言，可以分为多种类型，比如数据库、电子书籍、电子杂志、网络信息等。

数字资源的储存介质，可以分为两大类——磁介质和光介质。磁介质的种类包括硬盘、活动硬盘、软盘、优盘、磁盘阵列、磁带。CD、DVD、LD是光介质的代表。一般来说，硬盘、磁盘阵列、磁带及CD、DVD、LD等是数字资源较为常用的存储介质。

数字资源根据数据传播的范围，可以分为单机、局域网、广域网等不同的方式。单机利用指的是在计算机本地使用光盘或已安装的软件的数据。局域网内部使用指的是用户仅能在机构内对数字资源进行浏览和检索，但是如果是在机构所在局域网之外的网络环境中这些资源则无法访问。广域网方式可以让用户通过一定身份验证方式或者无需认证即可在任何拥有互联网连接的地方对数字资源实现访问。

数字资源从资源提供者角度来说，可以分为商业化和非商业化两种类型。商业化数字资源具体包含通过商业化的方式由数据库商、出版商和其他机构所提供的各种电子资源，比如 Elsevier（爱思唯尔）公司的 SDOS（统计数据系统）、中国期刊网等数据库，对于这些资源，图书馆需要支付一定的费用，才能为读者群提供这些资源，或者是读者个人借助读书卡和其他方式购买数据库的使用权。这些数字资源在图书馆的馆藏资源建设中占据着重要地位，因为它们的内容丰富、数据量庞大。非商业化数字资源，主要指的是开放获取资源、自建的特色资源库、机构典藏资源、其他免费的网络资源，一般来说，这些资源都是由图书馆自行建设，或者通过网络免费获取。建成图书馆特色资源库后，就可以以商业化运作的方式来进行管理。在这种情况下，相对于其他图书馆来说，这也可以视为商业化数字资源。

（一）数据库

数据库（Database）是一种按照特定的数据结构进行数据组织、存储和管理的仓库。它诞生于60多年前，随着科技的不断发展和市场的进步，尤其是在20世纪90年代之后，数据管理不再局限于存储和管理数据的简单过程，而成为一种满足用户需求的多样化数据管理方式。数据库有很多类型，涵盖了从简单存储多种数据的表格到支持大规模数据存储的复杂数据库系统，不管是哪一种都在社会各个领域得到了广泛的应用。

在数字化时代，对各种信息资源进行充分且有效的管理和利用是进行科学研究和决策管理的必要条件。数据库技术是各种信息系统的关键组成部分，包括管理信息系统、办公自动化系统和决策支持系统等。数据库技术也是进行科学研究以及决策管理的重要技术手段。

数据库可以用三个层次的基本结构来描述，每个层次从不同的角度对数据库进行了观察：（1）物理数据库，主要是以内模式为框架所组成的数据库；（2）概念数据库，主要是以概念模式为框架组成；（3）用户数据库，主要是以外模式为框架组成。

1. 物理数据层

物理数据层是数据库存储结构的最内层，是实际存储在物理存储设备上的数据集合。这些数据是用户所需加工的原材料，是原始数据，主要是由内部模式所描述的指令操作所处理的位串、字符和字组成。

2. 概念数据层

概念数据层是数据库的中间层，用于表达数据库整体的逻辑结构，不仅包括每个数据的逻辑定义，还包括数据之间的逻辑联系，是用于存储记录的集合。概念数据层是数据库管理员概念下的数据库，它描述的是数据库中各个对象之间的逻辑关系，而非它们的实际物理状况。

3. 用户数据层

用户数据层是用户所能访问和使用的数据库，展示了一个或多个特定用户使用的数据集合，即逻辑记录集合。不同层次之间的数据库联系是通过执行映射操作来进行转换的。

（二）网络数据库

网络数据库，也称在线数据库或 Web 数据库，是基于计算机网络的数据共享技术和资源共享特点所形成的一种技术体系。

网络数据库是指在后台的数据库基础上，通过浏览器的方式，结合一定的前台程序，完成数据存储和查询等操作的一种信息集合。从使用角度看，网络数据库是一种以浏览器 / 服务器模式（B/S）为基础的数据库，具有很强的互动性。

网络信息资源是指将多种形式的信息，如文字、图像、声音、动画等通过电子数据的形式在光磁等载体上进行存放，并借助计算机、网络通信、终端等方式来实现再现的信息资源。

网络数据库是信息检索与计算机技术相结合的产物，其主要含义就是信息化的"存取"。现代化信息检索可以追溯到 20 世纪 50 年代，数字式计算机诞生后，人们开始研究将其应用于信息检索，并于 1951 年首次利用计算机进行文摘检索试验，初步证明了它的技术可行性。1953 年建立了单元词检索系统，1954 年 IBM 公司的研究中心和美国海军兵器中心图书馆分别在 IBM701 机上开发出计算机信息检索系统，它标志着现代信息检索系统的诞生。

20世纪60年代是信息检索开发和实用化时期。一批传统出版商和图书馆如美国国家医学图书馆（NLM）和美国化学学会化学文摘社（CAS）等开始建立自己的计算机检索系统。其中美国麻省理工学院（MIT）开发的联机检索系统的记录中含有引用文献目录，可以用布尔检索、截词检索、引文检索和书目耦合技术。叙词法也开始在计算机检索系统中应用。

20世纪70年代是计算机信息检索的成熟发展时期。计算机技术在这一时期有了重大进展，如分时计算机、带终端的远程处理系统、廉价的大容量随机存储器（磁盘存储器）、分组交往网等技术的发展推动了计算机检索技术的发展。数据库迅速增长，全文检索开始走向实用化。

20世纪80年代是全面和多元化发展时期。这一时期全文检索开始普及，光盘检索技术出现，自然科学类数据库继续增加，同时社科、经济、人文类数据库也不断增多，个人计算机的出现使得检索更加方便和频繁，计算机检索从科研领域逐渐向人们日常生活转移。1988年，信息检索界重要标准Z39.50协议颁布，使异构数据库之间和不同系统之间的通信得以实现，对信息检索产生了重要影响。

20世纪90年代是互联网检索发展时期。互联网的出现使得网上信息呈几何数字增长，同时它又是无序、散乱的信息集合，人们需要一种简单易用的工具来方便地实现检索，从而迅速获取所需的信息。网络搜索技术在这种情况下应运而生，1994年，以Lycos（利科斯）、Infoseek（搜信）等为代表的第一代搜索引擎诞生，此时的检索系统响应时间还比较长，1998年以Google（谷歌）为代表的第二代搜索引擎诞生，大大方便了用户的检索行为。2000年1月百度公司成立，它是目前世界上最大的中文搜索引擎，它的出现极大地方便了中文用户利用网络。

常见的中文网络数据库有：中国知识基础设施工程（中国知网，CNKI）、维普期刊资源整合服务平台、万方数据知识服务平台、北大法宝数据库、中国经济信息网等。常用的外文数据库有：科学引文索引（SCD）、工程索引（ED）、Elsevier（爱思唯尔）、DOAJ（多伊）等。

（三）电子图书

电子图书，别称e-book，是一种数字化的出版物，可以将图像、文字、声音和其他信息以数字代码方式存储在介质（磁、光、电）上，并通过计算机或其他设备来处理和阅读。电子图书方便复制和发行，是一种大众传播体。

电子图书与传统书籍类似，也包含大量信息，包括文字、彩页等。为了与读者的阅读习惯相符合，它的排版采用传统书籍的格式。

尽管电子图书与传统书籍不同，但其作为一种新兴的书籍形式拥有许多独有的特点，其中显著的特征：一是只能通过电子计算机设备对书籍进行读取，并且需要通过屏幕来显示；二是融合图像、文字和声音的优势；三是具备检索功能；四是容易复制；五是更经济实惠，性价比高；六是包含更多的信息量；七是有多样化的发行渠道和方式。具体来说如下。

（1）使信息检索变得更加便捷，实现资料利用率的提高；

（2）相比传统书籍，存储介质能够储存更多的信息，因为它的容量更大；

（3）在相同的容量下，存储体的成本更为经济实惠，甚至可以达到传统媒体价格的 1/100 到 1/10，甚至更低；

（4）电子图书的形式多样，内容丰富，不仅仅局限于文字，还可以包括各种形式的资料，例如图像、动画、音频等；

（5）通过更加灵活的信息组织方式，可以提高文本的可读性，方便读者阅读；

（6）减少了工作量，借助电脑处理各种资料更加便捷；

（7）具有系统性，将各种资料有机组合并相互参照，可以提高对资料的系统性理解；

（8）创新的方式、策略、工具、手段、形态和内容。

此外，电子书还有以下特点：

首先，无纸化电子书采用磁性储存介质储存信息，而不再依赖传统纸张。由于磁性介质储存具有高性能，一张存储容量为 700MB 的光盘能够替代 3 亿字的纸质图书。这样做可以极大地节约木材，并减少场地的使用。

其次，多媒体电子书不仅包含纯文本，还会融入图片、音频和视频等各种多媒体元素。在一定程度上拓宽了知识的表达方式和丰富了知识载体。

最后，具有丰富性。随着互联网的飞速发展和信息技术的进步，传统知识电子化进程加快。除了一些比较专业的古代典籍外，在互联网上几乎可以找到所有的传统书籍,这极大地丰富了电子图书读者的知识来源。

关于电子书的定义,通常有两种含义:一是 e-book,是指专门设计用于阅读电子书的便携式掌上阅读器;二是便携式的手持电子设备。

PDF、EXE、CHM、UMD、PDG、JAR、PDB、TXT、BRM 等都是主流的电子书格式,大部分的移动终端设备都是可以支持这些阅读格式的。电子书格式在手机终端上通常采用 UMD、JAR 和 TXT 这三种常见格式。

电子书是针对阅读而设计的一种便携式的手持电子设备。其拥有大尺寸、高清晰的液晶显示屏,内置互联网芯片,用户可方便地在网上购买或下载数字化图书。此外,其还拥有较大的内存容量,能够存储约 30 本纸质图书的信息。为了给用户提供舒适、长时间的阅读体验,对液晶技术进行了优化。

(四)电子期刊

电子出版物或网上出版物,又称为电子期刊(Electronic Journal)。电子期刊从广义上来讲,是指所有以电子形式存在的期刊,包括可以通过在线网络检索到的期刊和以 CD-ROM 形式发行的期刊。

电子期刊可以分为两类:一是电子化纸质期刊,二是直接以网络出版的形式发行的电子期刊。

网络出版的电子期刊完全依托于网络技术,从投稿、编辑出版、发行订购、阅读,到读者意见反馈,整个过程都在网络环境中进行,没有任何需要使用纸质材料的环节,与传统的印刷型期刊相比,有着非常明显的本质区别。

电子期刊是信息技术人员运用高科技手段,将光盘和网络通信技术作为载体,进行加工和处理,借助现代技术检索手段,以满足读者信息需求的一种出版物。此外,它将图像、文字、声音、视频和游戏等元素动态融合,以便更好地展示给读者。此外,它还包含网络元素,诸如超链接和即时互动等,这不仅增加了期刊的趣味性,还可以节省成本。

电子期刊具备以下优势:

(1)电子期刊利用计算机高速运算和大容量的储存优势,大大提高了信息处理能力,是一种机读杂志。

(2)借助计算机独有的搜索功能,它能够让人们在浩瀚的信息世界中快速定位所需的内容。

（3）电子期刊以多种方式呈现其内容，包括文字、图像、音效和动态图像，从而使读者可以更加形象地理解和感受其中的信息。

（4）电子期刊可以让人们感受到多种感官的体验，同时也包含电子索引和随机注释等便捷功能，体现出信息时代的特征。

（五）网页信息

在网站中，构建网站所需的基本元素是网页，网页的作用是承载各种网站应用。网页是由 HTML 标签组成的纯文本文件，可以存储在世界上任何一台计算机上，是万维网的一"页"，网页是超文本标记语言格式（文件扩展名为 .html 或 .htm）。网页一般会借助图像档提供图画，在阅读时通常会通过网页浏览器来实现。

网页上一般包括以下内容：

（1）文本，文本是网页上最重要的信息载体和交流工具，网页中的主要信息一般都以文本形式为主；

（2）图像，图像元素在网页中具有提供信息并展示直观形象的作用，包括静态图像和动画图像：静态图像，在页面中可能是光栅图形或矢量图形，通常为 GIF、JPEG、PNG，或矢量格式，如 SVG 或 Flash；动画图像，通常动画为 GIF 和 SVG；

（3）Flash 动画，动画在网页中的作用是有效地吸引访问者更多的注意；

（4）声音，声音是多媒体和视频网页重要的组成部分；

（5）视频，视频文件采用的是网页效果，更加精彩且富有动感；

（6）表格，表格是在网页中用来控制页面信息的布局方式；

（7）导航栏，导航栏在网页中是一组超链接，其连接的目的端是网页中重要的页面；

（8）交互式表单，表单在网页中通常用来联系数据库并接受访问用户在浏览器端输入的数据，利用服务器的数据库为客户端与服务器端提供更多的互动。

网页上所有的发布内容都可称为网页信息，网页信息是一个巨大的信息源，它的信息质量参差不齐，真假难辨，需要信息使用者详加筛选。常用的网页信息有各类学习网站、政府部门统计数据、行业报告等。

三、多媒体资源

媒体在计算机领域中有两种定义：第一种是指如语言、文字、图像、视频、音频等传递信息的载体；第二种指的是如 ROM、RAM、磁盘、磁带、光盘等存储信息的载体。如今，主要的信息载体包括 CD-ROM、VCD 和网页等。近年来，多媒体作为新事物，其应用日趋广泛且不断发展，呈现蓬勃发展的势头。

准确地说，多媒体资源并不是一种资源类型，而是指如文本，声音和图像等多种媒体资源的总称。多媒体在计算机系统中，主要指的是一种人机交互式的、组合两种或两种以上媒体的信息交流和传播媒体。所使用的媒体包括多种类型，如文本、图像、照片、音频、动画、视频以及程式所提供的互动功能。

多媒体是基于超链接构成的全球信息系统——超媒体系统中的一个子集。全球信息系统是一种应用 TCP/IP 和 UDP/IP 协议的因特网上的系统。HTML、XML 等语言被用于编写二维多媒体网页，而 VRML 等语言则被用于编写三维多媒体网页。大部分的多媒体作品在 20 世纪中后期，使用光盘进行发布，但随着技术的不断进步，在进入 21 世纪后，多媒体产品更倾向于通过网络发行。

四、数据资源

数据指的是未经加工处理的客观事物的原始素材，是事实或观察的结果，是对客观事物的逻辑归纳。数据可以分为两种：一是模拟数据，指的是连续的值，比如声音、图像等；二是数字数据，是离散的值，比如符号、文字等。数据在计算机系统中主要是以 0 和 1 的二进制形式来表示。

信息和数据是有联系的，但是它们也有着明显的区别。数据可以是文字也可以是符号，可以是数字也可以是语音，可以是图像也可以是视频，总之是信息的表现形式和重要载体。数据的内涵是信息，信息的加载是基于数据的，对数据来说有以下含义与解释。数据和信息这二者之间是不可分离的，二者的关系是：信息依赖于数据来进行表达，数据可以对信息进行生动和具体的表达。数据本身是一堆原始的数字、符号或者文字，是物理性的，而信息则是对这些数据的加工和解释，赋予其一定的含义和价值，对决策会产生影响，是逻辑性和观念性的。信息的表现形式是数据,信息是一种有意义的数据表示。数据的内涵是信息,数据是信息的表达,二者之间是形式与本质的区别,数据本身是没有任何实际意义的,只有数据在对实体行为有了影响之后才会有意义,这就成为信息。

数据的表现形式还不能完全表达其内容,需要经过解释,数据和关于数据的解释是不可分的。例如,93是一个数据,可以是一个同学某门课的成绩,也可以是某个人的体重,还可以是计算机系2013级的学生人数。数据的解释是指对数据含义的说明,数据的含义称为数据的语义、数据与其语义是不可分的。

对数据的分类,可以按性质、表现形式和记录方式、数字化格式、结构特征进行划分。

(一)按性质划分

(1)定位的,如各种坐标数据;

(2)定性的,表示事物属性的数据(居民地、河流、道路等);

(3)定量的,反映事物数量特征的数据,如长度、面积、体积等几何量或重量、速度等物理量;

(4)定时的,反映事物时间特性的数据,如年、月、日、时、分、秒等。

(二)按表现形式划分

(1)数字数据,如各种统计或测量数据。数字数据在某个区间内是离散的值;

(2)模拟数据,由连续函数组成,是指在某个区间连续变化的物理量,又可以分为图形数据(如点、线、面)、符号数据、文字数据和图像数据等,如声音的大小和温度的变化等。

(三)按记录方式划分

地图、表格、影像、磁带、纸带。

(四)按数字化方式划分

矢量数据、格网数据。

在地理信息系统中,数据的选择、类型、数量、采集方法、详细程度、可信度等,取决于系统应用目标、功能、结构和数据处理管理与分析的要求。

（五）按结构特征划分

数据可以被分为三种不同的类型，包括结构化数据、非结构化数据和半结构化数据。

首先，结构化数据，简言之为数据库，我们可以将其带入到具体的场景中理解，比如教育一卡通、企业 ERP 以及财务系统、政府行政审批、医疗 HIS 数据库、其他核心数据库等。那么以上这些应用需要哪些存储方案呢？主要涵盖了需要高速存储的应用需求、需要进行数据备份的要求、需要共享数据的需要以及需要进行数据容灾的要求。结构化数据即行数据，在数据库中存储，可以借助二维表结构对实现的数据进行逻辑表达。

其次，非结构化数据库是一种字段长度可变的数据库，每一个字段的记录可以由可重复的子字段构成，也可以由不可重复的子字段构成。非结构化数据库可以对数字、符号等信息结构化数据进行处理，也可以对全文文本、图像、声音、影视、超媒体等信息非结构化数据进行处理。非结构化 WEB 数据库是一种针对非结构化数据而设计的数据库系统。与传统的关系型数据库相比，非结构化 WEB 数据库最大的不同在于它支持重复字段、子字段和变长字段，对关系数据库结构定义不易改变和数据定长的限制进行了突破，可以处理变长数据和重复字段，可以对数据项的变长进行存储管理。相较于传统关系型数据库来说，非结构化数据库在处理连续信息以及非结构化信息上具有非常大的优势，这一特点是传统关系型数据库所无法匹敌的。非结构化数据包括所有格式的办公文档、图像和音频/视频信息、图片、文本、XML、HTML、各类报表等。

而半结构化数据，就是介于完全结构化数据（如关系型数据库、面向对象数据库中的数据）和完全无结构的数据（如声音、图像文件等）之间的数据，HTML 文档就属于半结构化数据。它一般是自描述的，数据的结构和内容混在一起，没有明显的区分。

五、开放存取资源

在 20 世纪 90 年代末，国际科技界、学术界、出版界、信息传播界为了推进科研成果的自由传播，提高科学信息的交流和出版水平，同时也为了保护科学信息长期保存，采取了开放存取（Open Access，OA）行动。主要目的是对当前学术期刊出版危机进行解决,对学术信息传播不广泛的问题进行解决,进而提升科研成果的公共利用程度,实现长期保存科学信息的目的。

(一) 开放存取资源的内涵

在网络环境下,开放存取应运而生,它是一种新的学术交流模式,也可以称之为"公开获取"或"开放获取"。根据《布达佩斯开放存取先导计划》(BOAI)、开放存取的定义主要为:对于某种文献的存取方法存在着很多的、不同级别的、不同种类的、范围广泛的、操作的方法,对于文献的访问,有着不同的政策与权限,文献的"开放存取"就是说公众可以借助网络对文献作品免费阅读、检索、复制、下载、传播、打印等,或者对作品实现全文链接,建立索引,将文献作品作为一种数据上传到相应的软件中,或者是其他的在合法情况下的有目的的使用。对于以上这些使用除非是网络本身造成的物理障碍,否则都不会有法律、经济、技术的任何限制,但保证作者拥有保护作品完整性的权利是唯一的限制,在对作品进行使用的时候应该标注来源以及相应的引用信息。开放存取的含义具体包含两个层面:(1)向公众免费开放学术信息;(2)学术信息的获得变得更加便利,不再设置使用权限。开放存取的主要目的在于推动学术信息的深入和广泛交流,实现资源共享,依托于互联网实现学术的交流与出版活动进一步提高,科学研究成果的产出率,让全世界的人都可以对人类的科技文化成果进行平等和有效的利用。

(二) 开放获取资源的两种实现形式

要想在学术信息上实现开放存取,主要包含两个途径:一是开放存取期刊;二是开放存取仓储。

美国和欧洲国家目前正在尝试通过开放存取仓储和开放存取期刊这两种方式来对开放存取出版模式进行探索。

1. 开放存取期刊(Open Access Journals)

和传统期刊一样,开放存取期刊也会严格评审所有提交的论文,以确保期刊的质量。开放存取期刊致力于为读者提供免费的访问服务,与传统的印本期刊相比,开放存取期刊主要是网络电子期刊,其所产生的出版成本和传播成本非常低,这种期刊的运行模式通常采用"作者(或机构)付费出版,读者免费使用"的模式。它的存在和发展对于恢复以研究人员为核心的学术交流体系有着至关重要的作用。此外，传统的文摘索引服务商也开始认可开放存取期刊，并将其纳入收录范围。

2. 开放存取仓储（Open Access Repositories）

开放存取仓储中存储学术论文以及包括技术报告、实验数据等在内的各种学术研究资料。除了要求作者以某种特殊的标准形式（例如 Word 或 PDF）投稿，并且遵守一定的学术规范之外，开放存取仓储通常不会对内容进行实质性的审查。开放存取仓储具体包含两种：一是基于学科的开放存取仓储，主要用于某些学科，实现对研究资料的保存与共享，arXiv 电子预印本文档库是国际知名的典型代表；二是基于机构的开放存取仓储，主要由高校创建，为校内外的终端用户提供知识产品的数字化档案库，该开放存取仓储没有或者只有很少的限制，机构不仅可以单独创建，也可以参与到地区性的联合体之中。

第四节　智慧图书馆的服务

服务是图书馆的根本价值所在，图书馆的一切工作都应该围绕服务展开。在智慧图书馆中，智慧化的服务处于中心环节，智慧图书馆的馆员、建筑、技术、资源等都是为了实现为用户服务。以下，我们将重点探讨智慧图书馆的服务类型都有哪些，它们是怎样的一种服务模式，如何开展这些服务等。对智慧图书馆的服务进行研究，有助于我们从核心价值层面了解和认识智慧图书馆，并为随后的研究提供线索。

图书馆的智慧服务依托于知识服务，使用创造性的智慧搜集、组织、分析、整合知识，在此基础上形成全新的知识增值产品，对用户的知识应用与创新进行支持，进而实现将知识转换为生产力的一种服务。图书馆智慧服务强调的是在知识产品的服务中为用户带来经济效益、社会效益，以此来确保知识产品的增值，将其转化为生产力，实现社会的进步，促进生产力的发展。

本书主要就图书馆的智慧化的基础服务与智慧化的学科服务这两方面进行具体论述。

一、智慧化的基础服务

流通阅览服务、空间管理服务等是智慧图书馆的基础服务内容。

（一）流通阅览服务

流通阅览工作是最基础的读者服务工作，主要包括图书和期刊等纸质图书的借阅工作等。流通阅览服务中主要涉及智能书架、自助借还服务等。

1. 智能书架

智能书架是一种依托于高频 ISO/IEC15693 RFID 技术对在架图书进行实时管理的系统，可以识别在架图书单品级物品，实现对馆藏图书清点、监控、图书查询定位，还具备错架统计功能。该系统的优点是检测速度快、定位精度高，广泛应用于档案、图书、文件管理等领域。

（1）智能书架产生的背景

传统图书馆采用条形码技术实现图书管理，图书上架按照《中国图书馆分类法》由馆员完成图书上架任务，数据库中存储的图书位置为类号，图书放置区域最小单位为分类排架号，并没有精确到具体某一排书架，使读者在查找图书时花费大量的时间，而且存在图书放错书架的情况，致使读者从数据库查找到的图书架号并不是实际图书所在的位置，影响读者图书借阅效率。而图书馆馆员的顺架采用原始的人工清点，不仅图书顺架不准确，而且顺架劳动强度也非常大。

智能书架系统可以实时扫描书架上的文献，对文献的架位信息进行更新和记录，还具备自动识别文献、快速清点文献的功能，对文献的流通统计也非常方便，可以对归还的文献进行快速的定位，有效降低文献的错架率，切实提高了管理人员的工作效率，实现了真正意义上的基于 RFID 技术的图书定位管理。智能书架可以对图书进行实时的分层定位，它的使用使得图书管理员的顺架工作更加简单与轻松，只要使用软件系统就可以实现顺架功能，甚至是自动顺架功能；对于读者而言，它可以实时地确定某本书籍在哪一架哪一层，降低了馆员找书的工作量，全面提升了管理效率，帮助读者提高了借阅效率，充分体现了数字图书馆应用 RFID 的优势。

（2）智能书架的功能

首先，可以对图书实时监控，一般来说，智能书架系统是基于 TCP/IP 方式来实现集群部署的，同时可以与软件系统进行适时的数据互通，图书馆的管理系统可以对其进行控制，一旦RFID模块将图书标签信息采集之后，就会上传到图书馆管理系统，可以实现全天候在线监控。

其次，可以盘点、定位和快速查询馆藏图书。智能书架的功能可以与图书馆自动化系统相结合，完成图书盘点工作，自动生成在架图书列表，并且将这些数据与图书馆自动化系统共享，在与在借图书列表进行对比之后生成遗失图书列表。之后系统按照遗失图书列表对在册状态进行自动更新，在架上盘点时会按照遗失列表进行自动报警提示，不仅如此，智能书架还能生成在架书籍的正确位置列表，也可以生成错架图书的所在位置列表。

最后，智能书架系统具备多媒体虚拟书架查询功能，具备电子资源展示功能。智能书架系统配备液晶触摸显示屏，借此可以实现多媒体虚拟书架查询功能以及展示电子资源的功能。根据显示屏，读者可以对图书的实际位置进行查询，馆员可以对图书的在架情况、错架情况、上下架情况进行查询和追踪。

2. 自助借还服务

自助借还服务是指读者不受图书馆开馆和闭馆的时间限制，也不一定到图书馆，只需要在学校中的任何一个自助图书馆服务机中就可以实现借书、还书、办理借书证等操作，此外，图书馆的预借送书功能使读者可以得到更好的服务。自助图书馆不仅包含着书架、书箱，还包含着电脑以及书籍，一般采用的服务方式为自助服务。

（二）空间管理服务

空间管理服务主要包括两个方面：一是门禁管理；二是自习室/阅览室占座服务。

1. 门禁管理

高校图书馆的出入管理工作，主要是通过"一卡通"来完成的。随着高校数字化以及信息化建设，校内的信息资源整合进入一个全面规划和实施阶段，校园的一卡通正在积极与统一身份认证、学工、人事等管理信息系统（MIS）和应用系统相结合。校园一卡通系统作为校园信息化建设的重要组成，借助共同的身份认证机制，实现对数据管理的集成与共享，这有利于加快校园信息化和数字化的建设进度，同时也为实现系统之间的信息共享奠定了基础。

通常情况下，门禁卡会设置在图书馆一楼大厅的入口处，读者要想进入其中，需要刷校园一卡通。在后台，通过物联网技术依托于门禁管理系统，调用读者的身份数据。

2. 自习室/阅览室占座服务

在高校中，普通教室的资源是十分有限的，高校可以给学生提供学习和自习的地方也是十分有限的，但是图书馆有很多的阅览室，有些图书馆还会为读者提供专门学习的自习室。因而，图书馆中占座的情况时有发生。为了解决学习空间不足的问题以及占座秩序混乱的问题，图书馆选座系统应运而生。

自习室座位管理系统主要服务于学生，让学生可以对自习室的座位情况有一个清晰的了解，借助该系统，学生可以在网络上对自习室的开放情况以及人数情况有一个清晰的了解，对于馆员来说需要对各个自习室的剩余座位情况进行及时的更新。

其一，具备学生查询功能。为便于同学们在学习过程中找到自己想要的位置和其他相关的资料，把这些信息按学生的需求进行分类整理。通过这种方式，学生可以很容易地找到他们所需的资料和信息。

其二，具备学生登记功能。学生只需刷卡等简单操作即可完成自习登记。

其三，具备更新功能。管理员可以随时修改和更新数据库中的信息。该系统可以在目前已开放的图书馆中，提供需要进行更新的信息，并保存更新后的信息，同时可以自动查找重复信息。

其四，具备删除功能。管理员可以删除数据。管理员可以在系统中按照相关的条件对所需要删除的信息进行查找，图书馆管理员根据系统所查找出的数据信息确定是否删除，如果删除，系统就会在数据库中将有关的信息删除。

二、智慧化的学科服务

信息化与数据资源环境的变化，使得各类科研要素（包括数据、文献、硬件设施、机构、人员等）日益走向信息化和数字化。一方面，数字化的数据海量涌现，可视化工具的出现使得数据的挖掘、模拟、仿真与试验成为现实，科研本身在悄悄地发生变化；另一方面，数字网络技术的发展，使得科研人员获取知识与数据的方式也发生了巨大的变化，各种公开网站、开放获取平台使研究者的自我驱动与自我组织能力不断增强，进而构建新的知识体系。

高校的学科服务需要在大数据的环境背景下发展创新。这种发展创新需要两方面的相互配合，一是数字知识资源环境的有效组织，各类信息资源体系的灵活组织，对用户知识挖掘、计算、试验与评估的支持；二是馆员要深入了解信息资源的结构与规律，要对数据挖掘与分析工具熟练运用。另外，专业的学科信息资源分析专家，要帮助学科服务对象，建立起一个智慧化的学科服务体系。

（一）智慧化学科服务的内涵特征

随着大数据对社会各方面的影响不断深入，用户信息行为与科学研究环境发生了很多新变化，实体图书馆作为文献信息媒介的作用不断弱化，图书馆不再是用户获取科研数据库的唯一途径。仅仅以沟通联络为特征的学科服务已经无法满足大数据环境下的科研教学需求，智慧化学科服务由此产生。

有研究将学科服务在大数据时代的发展称为"嵌入式学科服务"或"泛在化学科服务"。作者认为，智慧化学科服务是大数据环境下高校图书馆的发展方向与重点，是图书馆服务面向网络时代和大数据环境的业务转型与升级，是智能化技术、图书馆业务与学科馆员智慧结合的产物，是图书馆服务发展的必然选择和发展趋势。智慧化学科服务需要图书馆利用数字化、网络化、智能化的信息科技与手段，将图书馆的信息资源相互连接起来，从而为读者用户提供更加有效和方便的服务。这就需要图书馆建立起专业化和个性化的服务链，为用户提供准确和及时的一体化的知识资源；需要学科馆员充分运用信息知识和工具，帮助用户对海量信息中的潜在规律进行挖掘和组织，并将其嵌入科研流程中，为用户提供知识增值服务。简单地说，智慧化主题服务是由智能技术、学科馆员的智慧和图书馆的业务和管理所组成的。

智慧化学科服务的主要特征如下：

1. 知识共享化

建立在智能化基础上的学科服务，使用互联网技术将图书馆相互分割与独立的资料文献进行加工整理，实现读者用户与数据平台的智能连接，实现知识信息共享。智慧化学科服务可为读者用户提供全方位和一体化服务，通过知识与管理共享平台，解决读者各种各样的问题，同时为读者查找数据资源节约更多的时间，提供更加便捷的优质服务。

2. 需求个性化

每个研究个体的研究领域都不相同，其对文献调查梳理和学科前沿、发展动态的需求有差异，这就要求学科馆员针对每一个用户对文献、资源数据的需求提供个性化、差异化的学科服务。科研教学用户的需求不是基于图书馆现有资源存在，而是针对自身的特色化需求要求学科馆员提供个性化服务。

3. 服务精准化

面对浩如烟海的数据资源与信息，如何快速、准确地查找到文献资源和得到指导是衡量现代高校图书馆服务质量的重要标志。智慧化学科服务就是借助智能技术，建立更加灵敏的管理与反馈机制、更加智能的信息数据系统，以及更加完善的服务与科研跟踪体系，为科研与教学用户提供更加精准的服务。

4. 渠道多元化

智能化学科服务重视人性化和人文关怀，强调对用户提供的服务及其服务效果，秉持"用户在哪里、服务就在哪里"的工作态度，为科研教学用户提供了多元化服务渠道。他们可以到馆进行咨询、培训或提出需求，也可以在线或网络平台进行信息资源的获取与数据处理指导，学科馆员也可以深入教学与科研一线进行专门化与针对性服务，让图书馆用户能够在每个时刻享受到智慧化学科服务带来的便利性。

（二）智慧化学科服务建设的框架内容

智慧化的学科服务，是基于以人为本这个原则的，它根据使用者的需求，有计划地调整和设计服务内容与方式，利用资源、工具、方法、专业知识等软、硬件条件，为研究人员提供优质的信息化学科服务。在以下论述中，我们主要介绍了包括以资源搜索与使用为基础的参考咨询服务、以数据获取与处理为基础的数据素养服务、以文献信息和数据为基础的学科支撑服务、以数据挖掘和分析为基础的决策支持服务、以数据服务和反馈为基础的个性化服务等在内的一系列关于科研和教学用户提供的学科内部服务。

1. 基于资源搜索与使用的参考咨询服务

大数据具有开放性、跨界连接性和易获得性，大数据挖掘和分析，可为图书馆参考咨询服务提供一定的参考和良好的预测依据。在大数据环境下，紧跟教学科研需要，借助大数据分析技术（包括机器自学习分析、数据挖掘、统计分析），有效了解科研教学用户的数据信息需求及存在的问题，及时解答相关问题并提供最优化的数据利用解决方案。

2. 基于数据获取与处理的数据素养服务

大数据时代使得数据不仅仅是最终目的和结果，数据价值主要在于它的使用，而非占有数据。为此，在大数据时代，学科馆员应努力为用户提供基于数据获取与处理的数据素养服务，帮助高校师生用户挖掘数据的潜在价值，提高数据的利用效率。数据素养服务主要体现在数据解读、数据管理、数据利用、数据评价等，强调对数据的操作和使用，另外还包括数据的伦理道德修养、数据存取等。学科馆员要具有发现、评估与使用信息和数据的意识和能力。

3. 基于文献信息与数据的学科支撑服务

在大数据时代，随着数字图书馆的普及，高校图书馆借助学校网络、数据服务商等网络技术优势和电子资源优势，开始向用户提供越来越多的资源与信息。但要想真正对学校的教学与科研机构提供定位准确的信息资源，必须要创新服务内容与模式，充分利用现代信息技术和学科馆员的专业素质对图书馆的服务进行提升与拓展。大数据时代的智慧化学科支持服务就是高校图书馆根据学科教学与科研计划、安排，帮助教师、学生和科研人员改善与提升教学、学习、科研过程，实现教学、科研目标及世界一流学科建设。

4. 基于数据挖掘与分析的决策支持服务

在大数据时代，如何对研究结果进行有效的统计和整理，对于高校的学科建设和发展具有非常重要的意义。在高校资源分配、发展方向的决策过程中，需要对高校的各种信息进行分析，并为高校提供知识服务。高校图书馆的决策支持服务，是以管理部门的需要为导向，以图书馆丰富的文献资源、数据资源为依据，图书馆员运用专门的文献搜集技巧和情报分析方法，对多渠道的信息进行筛选、归纳、统计、综合分析，最终形成一种系统化的决策知识产品，让管理决策者可以在较短的时间内，对这些信息进行全面的把握。

它的内容主要有以下几个方面：一是以科学数据的收集与整理为主要内容的基础数据服务；二是以事实查询为主要内容的高级检索服务；三是以综合研究报告为主要内容的全面分析服务；四是以前沿预测为主要内容的深度挖掘服务。

5. 基于数据服务与反馈的个性化服务

个性化服务是大数据环境下学科服务的必然趋势，是满足科研工作者和师生多样化、专业化科研教学需求的高层次学科服务模式，能够帮助用户在有限的时间内得到精准正确的信息资源。其主要任务是构建一套追踪用户需求、了解用户研究方向、推送数据资源服务的反应机制，打造图书馆资源与用户之间的沟通桥梁，随时随地解决用户咨询的问题。主要内容包括个性化数据信息追踪推送服务、科技查新与论文收引创新服务、数据资源的跨库检索服务等。

第三章 智慧图书馆的建设技术

本章主要介绍智慧图书馆的建设技术，主要从六个方面进行了阐述，分别是互联网技术、物联网技术、机器人与人工智能技术、大数据与数据挖掘技术、知识图谱技术以及信息安全技术。

第一节 互联网技术

一、Internet

Internet（因特网）指的是一种全球性的网络，它是由几台利用共同语言进行相互通信的计算机连接形成的，也就是广域网、局域网和单机，它们根据某种通讯协议，共同构成国际计算机网络。互联网是公共资讯的传播媒介，这一大众传播媒介的传播速度超过了之前的所有通信媒介。中国互联网经历了十几年的快速发展，已初具规模，互联网应用也日趋多样化。互联网对人们学习、工作和生活的影响日益加深，并对社会发展产生了深远的影响。

图书馆作为社会提供文化知识传播服务的一分子，也离不开因特网。一方面现在的图书馆所提供的各种信息服务离不开因特网，如资源共享、远程服务等；另一方面，图书馆自身工作的开展也离不开因特网，如网上采购、联机编目等，所以接入因特网是图书馆数字化的必然选择。

目前中国的图书馆接入因特网主要有两种选择：一是通过教育网间接接入因特网，另一种是通过网络提供商（如中国电信、中国移动等）直接接入因特网。当然，在这里作者还是推荐图书馆选择第二种接入因特网的方式，因为这种方式更快、更直接。

现在大多是以光纤到户接入因特网了，即网络提供商直接将光纤拉到用户所在地并提供接口和接入的 IP 地址等。图书馆所要做的就是将图书馆的局域网通过这个接口连接到因特网,这就需要用到一种网络设备——"路由器"。路由器(Router)是一种智能选择数据传输路由的设备,用于连接多个相同或不同类型的局域网络。以路由器为基础构建的网络称为"网间网",如学校的教学楼、办公楼、学生宿舍楼、图书馆之间构建的网络,以及城域网络等都属于"网间网"的范畴。事实上,因特网就是由数以万计的路由器构建的,超大规模的、国际性的"网间网"。路由器也称为网关,其工作原理是在每个局域网出口对数据进行筛选和处理,选择最为恰当的路由,从而将数据逐次传递到目的地。与交换机不同,路由器的端口数量往往比较少(特别是中低端路由器),但路由器端口的类型却非常丰富,用于满足各种类型网络接入的需要。路由器种类多样,图书馆一般选用接入路由器。接入路由器一般位于网络边缘,所以也可以称为"边缘路由器",通常使用中、低端产品,这也是目前应用最广的一类路由器。路由器价格相差很大,从几千到上百万的都有,作者认为图书馆应该认真考虑自身能力及需求,在能够满足网络对性能和稳定性要求的前提之下,应当尽量压缩开支,选择价格低廉、最具性价比的路由产品。

路由器不同于其他网络设备,如果说未经配置的智能交换机还可以当傻瓜交换机使用,那么未经配置的路由器则无法实现任何功能。原因很简单,作为用于连接不同网络的设备,路由器必须为所有网络指定 IP 地址信息,并设置相应的路由策略。路由器并没有自己的输入设备,所以配置时都是通过专用电缆将计算机与路由器的配置端口相连,在计算机上完成配置操作。路由器的配置端口一般有两个:Console 端口和 AUX 端口。Console 端口多为 RJ-45 端口,通常在进行路由器的基本配置时使用 Console 线直接连接至计算机的串口,利用终端仿真程序(如 Windows 下的"超级终端")进行配置。AUX 端口为异步端口,主要用于远程配置。至于路由器的配置,不同的品牌在命令上会略有差别,具体可参考各路由器的配置说明。

在介绍 Internet 用法的时候,有一种与 Internet 密切相关的服务,即 DNS。DNS(Domain Name System,域名系统)是因特网的一项核心服务,它是一个可以将域名和 IP 地址相互映射的分布式数据库,可以让人们更方便地访问互联网,而不需要去记住被机器直接读取的 IP 数串。对于网络使用者来说,不一定要知道

DNS 的安装与配置流程，只要知道它的 IP 地址即可。

二、局域网

除了 Internet 之外，局域网无疑是目前人们接触最为频繁，也是应用最为广泛的网络类型。无论是家庭网络、网吧、多媒体教学网络，还是企业网络、政府网络，其本质都是局域网。以局域网为基础的图书馆网络是图书馆数字化的重要组成部分，不少学者把图书馆网络比喻成高速公路，而把数字化信息比喻成公路上的车，由此不难看出图书馆网络在图书馆数字化过程中的地位。图书馆数字化信息的传递和数字化服务的开展都是在图书馆局域网上进行的。

所谓局域网，或局域网络（Local Area Network，LAN），是指将某一相对区域内的计算机，使用特定的通信协议并按照某种网络结构相互连接起来，而形成的计算机集合。在该集合中的计算机，可以实现彼此之间的数据通信、文件传递和资源共享。

（一）局域网的硬件设备

不同的局域网设备在局域网中扮演着不同的角色，因此只有清楚它们各自的功能和作用后，才能根据网络建设的实际需要选择相应的设备。作为图书馆数字化的建设者，有必要全面地了解一下这些设备。

1. 网卡

网卡（Network Interface Card，NIC），又被称为网络接口卡。目前大部分网卡都集中在个人电脑或是服务器上。这里简单介绍几种网卡，主要是在现代图书馆数字化建设中常用到的。在现代图书馆数字化建设中，大家使用最多的就是 RJ-45 接口网卡和 FX 接口网卡。其中 RJ-45 接口网卡适用于以双绞线为传输介质的网络，FX 接口网卡则适用于以光纤为传输介质的网络。RJ-45 接口网卡的传输速率目前主要有 10/100Mbit/s 自适应和 1Gbit/s 两种，主要应于 PC 及部分服务器上。因为 100Mbit/s 是目前的网络"标配"，目前这样的速率基本能够满足语音、图像等多媒体数据传输的需要，可以实现几乎所有的网络应用，包括办公、教学及接入 Internet。在图书馆的数字化建设中，电子阅览厅、办公室、借阅台、检索机等基本上都是采用 RJ-45 接口网卡。与 RJ-45 接口网卡相比，FX 接口网卡则有传输距离远和传输速率快的优点。FX 接口网卡传输速率基本都在 lGbit/s 以上，目前多数设备可达 10Gbit/s；而无中继传输距离可达 100km（RJ-45 接口网卡相配的双绞线网络无中继传输距离一般不超过 100m）。在使用 FX 接口网卡时要特别注意两点：一是光纤大致分为多模光纤（LX）和单模光纤（SX）两类，不同类型的光纤所支持的网卡连接器接口不相同，大家要注意分别；二是 FX 接口网卡与 RJ-45 接口网卡不同，一般有两个口，一个收 RX，一个发 TX，两个口不能接错，否则网络也不通。当然现在随着无线应用设备的普及，无线网卡也大量出现在图书馆中。无线网卡大多是集成在无线应用设备中，无线网卡的传输速率目前主要有 150Mbit/s 和 300Mbit/s。

还有一点要强调的是每一个网卡都是独一无二的，因为它有着自己独立的 ID，也就是 MAC(Media Access Control) 地址。MAC 就像是 "90-FB-A6-12-86-32" 这样的 16 进位制。就像是一个人的 DNA，永远不可能被复制。唯一的区别就在于，人类的 DNA 是通过基因获取的，而 MAC 位则是通过特定的机构，将 MAC 地址直接发送到了制造者的手中，并通过刻录的方式，将其刻录到网卡的 ROM 中。无论是 LAN 还是 WAN，只有插入电脑内的网卡 ID 才能确定电脑的身份。在此基础上，可以在网络上进行多台计算机间的通信与信息交换。网卡能够监听所有正在网络上传输的信息，并根据网卡上的 ID 号过滤出该工作站应接收的信息。当该工作站准备好接收时，网卡会将这些信息传送给工作站进行处理。当工作站需要向服务器发出请求时，网卡则在网络信息流中寻找一个间隙将信息报文插入信息流。工作站能够自动校验报文传送的正确性，如果在传送中的信息报文出错，它会自动地重新再发一遍。

2. 双绞线及其布线

双绞线作为局域网中最主要的传输介质，图书馆终端到桌面的连接几乎都采用双绞线作为传输介质，因此双绞线很大程度上决定着网络的传输速率。在搭建网络的过程中，如何正确选择品质优良的双绞线，并将其制成连接集线设备与计算机的跳线，就显得非常重要，当然，这也是图书馆数字化建设和管理者所必须掌握的一种基本技能。所谓双绞线就是把两条互相绝缘的铜导线按照一定的方向（通常为逆时针）拧在一起，形状就像是一根拉长了的麻花，故名双绞线。当传输线路中存有若干个线对（一般为 4 个线对）时，如果传输线路较长，每对线构成的回路面积太大，将导致非常严重的线对之间的串扰（或称串音）。这种强烈的串扰将极大地影响或掩盖正常的传输信号，造成通信失败或误码率增高。采用将平行传输的线对按照一定的紧密程度相互绞合的交叉技术，目的是减小线对之间的串扰和外界干扰。通过这种绞合的方式，可以将每一条线路组成的回路划分为多个较小的回路，使各条线路中产生的一些干扰互相抵消，并能够达到减少串扰和干扰的目的。由此可知，对于双绞线来说，线对之间绞合得越紧，绞距就越均匀，抗干扰能力也就越强；线对内部的扰串越小，传输数据的性能也就越好。

双绞线根据绝缘层外有没有金属屏蔽，可以分为两种，一种是屏蔽双绞线，另一种是非屏蔽双绞线（UTP）。当然，屏蔽双绞线在抑制高频干扰和串扰方面有很大的优势，但要做到屏蔽，就必须要用到包括电缆、插座、水晶头（RJ-45连接器）以及配线框架等在内的整个系统的屏蔽物件，此外，还需要建筑物有一个很好的接地系统。现在的市场上，一些具有屏蔽功能的器件要比不具有屏蔽功能的器件价格贵上一倍还多，同时施工费用也很贵，所以，总的核算下来，铺设屏蔽系统要比铺设非屏蔽系统多出一倍的成本，而且，在整个系统寿命周期中，还需要投入大量的资金来进行维护，如果不能得到及时的维护，那么它的性能又会比非屏蔽系统要差得多，这也是为什么现在大部分的双绞线布线系统都是采用非屏蔽系统。

布线工程是图书馆数字化基础设施建设的关键之一，是图书馆网络化的基础。而且弱电工程跟强电工程一样，一旦布线完毕再想更换，成本和难度都相当大。所以，建议在图书馆网络建设初期就应重点在这方面保证资金，选择质量可靠的双绞线电缆。非屏蔽双绞线根据电气性能不同分为七类，现在布线一般要选用超五类线，即应选用八芯线。八芯线两两绕对，共组成四对。因为只有真正的超五类线才能实现100Mbit/s以上的传输速率，现在100Mbit/s的传输速率基本上是网络的标配，所以在建设图书馆网络时，网络设备中的各个节点的传输速率一般都要以不低于100Mbit/s的速率进行建设，以免造成瓶颈，影响整个网络。双绞线一般都是以箱为单位，每箱长度约为305m。作为数字图书馆的建设者，也要了解一下双绞线的质量鉴别方法。鉴别双绞线的质量主要从两方面着手：一是看外包装，要求外包装上标识要详尽；二是动手测试，剥开双绞线外层看看里面的线绞合密度是否均匀，颜色是否清楚，韧性是否足够好等。当然大家尽量还是选用一些大厂家的产品，目前市场上比较知名的品牌有安普（AMP）、朗讯（Lucent）、西蒙（Siemon）等。

双绞线布线，在其两端各有一根晶体导线（RJ-45连接器）连接到不同的网络装置上。目前，国际上使用最多的是EIA 568 A标准和EIA 568 B标准。通常情况下，在制作网线的时候，如果没有按照标准进行连接，有些时候，线路也能接通，但是线路内部各线对之间的干扰不能被有效地消除，从而导致信号传输出错率增加，最后会对网络整体性能造成影响。只有按照标准化的要求进行建设，才能确保网络的正常运作，同时也为以后的维护工作提供了便利。RJ-45型网状线缆的制造过程是这样的：首先，确定所要制造的网状线缆的长度，最好不要超过100米，然后，用夹子夹住，再用剪线工具将线两端剪断；接着，将线缆插入剥线刀中，轻轻握住夹子，缓缓转动夹子，使夹子切开保护橡胶层，取出橡胶层；然后，每一对电线都是互相缠绕的，在做网线的时候，要把8根细电线拆开、整理、拉直，并按一定的顺序排好。在具体的测试过程中，推荐采用EIA/TIA568B标准，将带有塑胶弹子板的晶体头部朝下，带缝线的一面朝上。这时，最左边的是第一脚，最右边的是第八脚，其他依次排列；接着，尽量把线拉直、压平、挤紧理顺，然后用压线钳把线头剪平。当将两股导线插入到水晶头后，各导线能够很好地与水晶头上的插孔相接触，从而避免了接触不良。若之前剥的皮过长，此处可将过长的部分剪短，仅保留15mm，除去外层绝缘皮，此长度刚好可将各细导线插入相应的线槽。若这一段太长，则会因两条线不再互相缠绕，而使串音增大，或因水晶头无法按压护套而使线缆脱离水晶头，使导线接触不良，甚至断裂；之后，用大拇指和中指夹着水晶头部，让有塑料外壳的那一面朝下，缝合线的那一面对着自己，然后用食指按住它，另一只手握住包裹在双绞线外的橡皮，慢慢地，用力地，将八根电线同时插进RJ-45头部的8个插槽里，直到插到插槽的顶部；最后，确定所有的电线都在正确的位置，并且确定晶体管的排列顺序，然后用压线器将RJ-45磁头压紧。把RJ-45线头从无齿面插入压线钳卡槽后，用手握住压线钳，把所有凸出的缝合线都按进水晶头里，这样，网线的一端就做好了，再用同样的方法，把另一端也做好，一条跳线就做好了。

3. 光纤

光纤，也就是光导纤维，它是用超细的玻璃纤维或极细的二氧化硅制成。光纤传输技术是将半导体激光器或 LED 上电后,由半导体激光器或 LED 发出的脉冲信号经过探测器后,再由光纤进行传输。因为可见光具有很高的频段,因此,光纤通信系统所能提供的频段比其他多种传播媒介所能提供的频段要大得多。光纤信号传输速度通常超过 10Gbit/s,传输距离超过 100 公里,在高速、长距离等领域具有广阔的应用前景。按照传输点的模式数目,光纤可以划分为单模光纤和多模光纤。"模"就是一束光以某一角度某种速度射入一根纤维。多模光纤以发光二极管为传输光源,与单模光纤进行比较,它具有传输速率低、距离短、整体传输性能好等优点。并且,它的成本很低,在图书馆中,它通常被应用于建筑内部上下楼层,或者地理位置相邻的大开间之间。单模光纤的纤芯相对较细,具有传输带宽大、容量大、传输距离长等优点,但是它需要激光光源,而且造价昂贵,一般应用在一些建筑上,比如图书馆和网络中心,教学楼和学生宿舍等。光纤的连接要比双绞线稍微复杂一点,每个光缆的两端都要经过磨光、电烧烤等工序,才能保证其正常工作,并且这个工序的设备成本非常高,因此,现在光纤的生产都是交给了几家专门的公司,普通的电脑用户还没有这个能力生产光纤。一般来说,图书馆的网络建设中的光缆都是由专业的网络提供商来铺设的,他们会提供一个光纤的接入接口。图书馆网络建设者主要使用光纤软跳线进行设备间的连接。与双绞线不同的是,光纤的软跳线都是两条一组一起使用。连接时还要注意,光纤连接口分为 RX 和 TX,两端要进行反接,即一端的 RX 接另一端的 TX,而 TX 接另一端的 RX。光纤接头有 SC、ST、LC、FC 等几种。SC 接头是标准方型接头,采用工程塑料,LC 接头与 SC 接头形状相似,比 SC 接头小一些。FC 接头是圆形接头,其外部加强件采用金属套,紧固方式为螺丝扣,ST 接头与 FC 接头形状相似,但紧固方式为螺丝式。

4. 集线器

集线器,又称 Hub,用来连接局域网中最便宜的星型设备,也是目前最为"古老"的一种装置,它主要应用在图书馆网络程序中。现在的图书馆大多都是一个小型网络,集线器主要负责一间办公室内的几个终端连接,所以在采购时,为了避免浪费,图书馆这种桌面级的应用选择端口在 8 以下的集线器就可以了。使用这种集线器存在的问题主要是:网络中心对所有用户都是开放的,每增加一个用户,网络中的可用宽带就会随之减少。这就会造成在业务繁忙的情况下,由于多个用户之间存在着竞争，且同一时间内只能有一个用户使用，其他用户处于被侦听等待的状态，从而极大地降低了数据的传输效率。按照现在的网络发展趋势，集线器最后会被交换机取代。

5. 交换机

交换机是一种高性能的集线装置，它的价格越来越低，性能越来越好，它已逐渐替代了传统的集线器而成为局域网中使用最广泛的装置。由开关构成的区域网络叫做开关型区域网络，由中心组成的区域网络叫做共享型区域网络。与共享式局域网比较，交换式局域网具有更高的数据传输效率，它适用于数据量大、网络通信非常频繁的情况，所以它被广泛地应用于传输各种类型多媒体数据的局域网，可以说，目前图书馆网络中所使用的集线设备，90%以上都是交换机。在一个图书馆里，有一些交换设备是最常用的。

第一个是桌面交换机。桌面交接机又被称作工作组交换机。通常被用来支持50个信息点以下的应用。桌面交换机是一个很好的选择，可以替代传统的集线器，它通常是一个具有特定数量的10Base-T或100Base-TX的以太网络端口的固定配置。这类开关根据每个报文的MAC地址，比较简单地传递消息，通常不具有网管的功能。桌面交换机是当前图书馆使用最为广泛的集线设备之一，它主要集中在图书馆各个办公室中，例如办公室、采编部这类信息点较少，又不需要进行过多网络管理的地方。

第二类是骨干网开关。主干开关，也叫分部开关，通常被用来支撑300个以下的信息点。这类开关可采用固定结构或模块化结构，通常采用光纤接口。与桌面交换机比较起来，骨干交换机更具智慧性，它还支持基于端口的VLAN（虚拟网，在下面作者将对其进行介绍），它可以实现端口管理，通常采用全双工传输模式，还可以对流量进行控制，还具备网络管理的功能，允许通过PC机的串口或网络对交换机进行配置、监控和测试。骨干交换机也是当前图书馆使用最为广泛的集线设备之一，它主要集中在图书馆中信息点较多且需要进行网络管理的场所，例如公共检索机、电子阅览厅、流通部、期刊部等一线部门的工作用计算机。

第三个，就是中央开关，又被称为企业开关，是一种高级开关，具有模块化结构，可以用来构造高速局域网。这类开关既能传输大量的数据，又能实现对信息的控制，同时还能为网络的稳定运行提供必要的硬件冗余。中央交换系统在图书馆中的应用并不多见，仅限于少数大型的公共图书馆。

总之，在以上单个交换机所能提供的端口数不能满足网络的需求时，就需要采用多个交换机，此时就存在着交换机之间的连接问题。交换机的连接有两种形式：级联或堆叠。

基本上，所有开关都能用级联连接，并且开关与枢纽也能用级联连接。串接一般采用普通双绞线，但因其所连接口的不同，有的要求采用直接串接，有的要求采用交叉串接。串联开关的每根线缆都有 100 米长，而这正好是开关和电脑间的线缆的长度。所以，级联不仅可以增加端口，还可以迅速扩大网络的直径。如果四个开关同时连接，则网络的覆盖范围将会扩大到 500 米。

并非所有的开关都支持堆叠，堆叠不但要求采用专用的堆叠线缆，还要求采用专用的堆叠模块。另外，开关也要用相同的牌子，不然就无法工作。与级联相比，堆叠是因为所有的计算机都被连接到相同的高速背板模块，因此，在不同交换机端口上的计算机之间，就不需要再进行一层一层的转发，这样就降低了交换机之间的转发延迟，也就避免了端口的冲突，而且，连接到端口的计算机都可以进行线速交换，这就使得不同交换机之间的计算机通信速率得到了提升。此外，可以将几台堆叠的交换机当作一台交换机来进行管理，只需要赋予它一个 IP 地址，就可以利用这个 IP 地址来管理所有的交换机，这样就可以大大降低管理的强度和难度，还可以大大节省管理成本。

6. 无线 AP 与无线路由器

随着移动智能终端读者在图书馆数量的增多，要让这些使用无线设备（手机及笔记本电脑等无线设备）的读者进入有线网络的接入点，享受数字图书馆的服务，就需要我们在图书馆中各个场所安装无线 AP 或无线路由器。

无线接入点（Access Point，简称无线 AP），它的作用是将有线网转变成无线网。无线 AP 是连接两个网络的桥梁，它的信号覆盖面积是球状的，所以在建造的时候，最好是在更高的位置，这样才能有更大的覆盖面积。一个无线存取点，即一个无线交换器，它被连接到一个有线交换器或一个路由器，连接到它的无线终端机与原始网络是同一子网络。一般情况下，单个 WAP 最大可支持 80 个移动终端，建议设置 30 个 WAP，若同一区域有更多的接入设备，则可适当增大 WAP 的数目。

无线路由器就是一个带路由功能的无线 AP，一边接入在有线宽带线路上，一边通过无线功能，建立一个独立的无线组网，并通过路由器功能实现接入有线宽带网络。

无线 AP 与无线路由器是移动智能终端读者使用智慧图书馆的"入口"所在，所以我们在建设时要根据图书馆的物理布局合理安排这些无线接入设备，并给它们科学地编排接入点的名称，在图书馆醒目位置公布出来，方便读者根据自身位置寻找对应的无线节点接入。

（二）局域网中常用的通信协议及选择

局域网中，一般使用 Net BEUI（BEUI 网络）、IPXVSPX 和 TCP/IP 三种协议。TCP/IP 协议是计算机世界里一个通用协议，也是 Internet 的基础协议。Net BEUI 和 IPX/SPX 协议是局域网中常用的两种协议。其中 Net BEUI 协议经常被用于实现 Windows 操作系统之间的通信，而 IPX/SPX 协议则往往较多应用于由 Net Ware 构建的局域网络。下面作者详细介绍一下这三大协议各自的特点，以便大家在进行图书馆网络建设时选择应用。

1.Net BEUI 协议

在介绍 Net BEUI（用户扩充界面）之前，我们就不得不说一下其"前辈"Net BIOS（Net BIOS）。Net BIOS 是 IBM 于 1983 年为个人电脑之间的互相通信而提出的一种通信规范，它只适用于小范围内的局域网。这个小的网络完全由个人电脑构成，最多只有 30 人，它的特征就是一个"小"。

随后，IBM 发现了网络 BIOS 的诸多不足之处，于 1985 年研制出了网络 BEUI。网际网络 BEUI 是一个小型、高效、快速的通信协议，可视为网际网络 BIOS 的改良版本。Net BEUI 针对的是一个由几十到上百台 PC 构成的单层网络，没有跨层运行的能力，也就是没有路由功能。尽管 Net BEUI 有很多缺点，但是 Net BEUI 也有一些优势，这是其他协议没有的。Net BEUI 是三种通信协议中对内存的占用最小的，并且由于 Net BEUI 使用计算机名作为网络地址，因此在安装完成后，不需要进行任何配置就可以投入使用。NET BEUI 仍然是微软最喜欢的一种通信协议，NET BEUI 已经成为 Windows 操作系统的默认协议。

图书馆网络在选择通信协议时可在办公室等小型网络（一般信息点最好是在

20个以下的）中选择 Net BEUI。通常将 Net BEUI 与一种可路由协议（一般使用 TCP/IP）配套使用，并以 Net BEUI 为主协议。当在局域网网段内部进行通信时，使用 Net BEUI，当需要进行跨越网段的通信时，则选择使用其他的可路由协议。

2.IPX/SPX 协议

网络分组交换/序列分组交换（IPX/SPX）是 Novell 公司的一组通信协议。IPX/SPX 是一种在 Novell 网络中广泛使用的路由协议。通常，图书馆需要使用 IPX/SPX 有两个条件：第一，在有 Net Ware 服务器的时候，必须安装 IPX/SPX，以实现对 Net Ware 的正常访问；二是图书馆所用的某些网管软件是由 IPX/SPX 协议编制而成，为了确保网管软件的正常运行，必须在这个网络上的所有电脑上安装 IPX/SPX 协议。另外，通常情况下，IPX/SPX 是不需要安装的。此外，需要指出的是，Windows 系统所提供的是具有与 IPX/SPX 相似功能的 NWLink IPX/SPX 兼容协议和 NWLink Net BIOS 兼容协议。

3.TCP/IP 协议

TCP/IP（传输控制协议/Internet Protocol）是当前最常见的一种通信协议，是计算机网络世界中的一个通用协议。TCP/IP 是一种非常灵活的通信协议，它可以支持任何规模的网络，并且可以接入任何种类的服务器、工作站。

在 TCP/IP 中使用的通信模式是包交换模式，并提供路由。当然，TCP/IP 也有其不足之处，即在使用之前，必须先作一些繁琐的安装工作。在 TCP/IP 中，一个节点必须有一个"IP 地址"、一个"默认网关"、一个"子网掩码"、一个"DNS 地址"。以下是作者对这些工程的具体描述。

4.IP 地址

在使用 TCP/IP 协议的网络中，网络上的每个节点都必须有一个唯一的 IP 地址（这里所指的节点可以理解为网卡，一台计算机可能会有几个网卡，那么它就必须匹配几个不同的 IP）。IP 地址由 32 位二进制数组成，分成 4 段表示，每段 8 位。

在实际应用中，一般每段都转换成十进制数，段与段之间用"."分隔。IP 地址采用两级结构，前半部分为网络标识，后半部分为主机标识。同一网络内的计算机可以相互访问，不同网络的计算机要相互访问则要受路由限制。根据不同的网络规模，IP 协议定义了 5 类地址，即 A 类到 E 类，现在我们一般接触到的是 A 类到 C 类。A 类地址的第一个字节为网络标识号，后面三个字节为主机标识号。B 类地址的前两个字节为网络标识号，后面两个字节为主机标识号。C 类地址的前三个字节为网络标识号，后面一个字节为主机标识号。在直接接入 Internet 时，一般是由网络接入商来提供 IP 的配置。但在像图书馆网这样的局域网中使用 IP，我们就要自己来进行配置。注意配置时一般选用的是保留私有 IP，这些私有 IP 地址的范围是：A 类 10.0.0.1-10.255.255.254，B 类 172.13.0.1-172.32.255.254，C 类 192.168.0.1-192.168.255.254。作为图书馆网络管理员，在进行配置前首先要对图书馆网络作出整体的规划，并将图书馆中的各个信息点按照地理和功能等划分为不同的网段。一般情况下，考虑到工作需要和网络安全等因素，办公和采编可以划为一个段，不做任何网络限制；流通工作机和公共检索划为一个段，限制一些网络的访问；电子阅览厅单独划为一个或多个段，具体看信息点的数量，以方便监控网络访问。

5. 子网掩码

子网掩码是一个 32 位的数字，其作用是声明 IP 地址的哪些位为网络地址，哪些位为主机地址。TCP/IP 协议利用子网掩码判断目标主机的地址是位于本地网络还是远程网络。掩码中为 1 的位表示 IP 地址中相应的位为网络标识号，为 0 的位则表示 IP 地址中相应的位为主机标识号，同样在实际应用中和 IP 地址一样也转成十进制数来表示。在图书馆网络中划分子网规模，主要还是以网络通信量为主要参考依据，建议将子网规模控制在 60 个主机以下。划分成较小的子网有很多好处：一方面可以减少每个子网的网络通信量，减少主机的网络广播，降低网络风暴的产生，有利于网络的稳定；另一方面也可以有效隔离馆内各子网，保护馆内服务器与工作机，阻止重要数据与信息的外泄。

6. 默认网关

网关是一种网络与另外一种网络之间的"关口"，本质上是一种网络与另外一种网络之间的 IP 地址，这一点在子网划分的时候就已经被分配到了路由器中。所谓缺省门户，就是当一个主机没有找到合适的门户时，会向其发送一个缺省的、指定的门户，然后由该门户进行处理。目前，主机所用的网关通常是指缺省的。一部计算机的缺省网关不能随便指定，要准确地指定，否则该计算机就会向非网关的计算机发送信息，使其无法与其他计算机进行通信。

7.DNS 服务器

DNS 服务器一般是要接入 Internet 时才需要用到，在局域网中使用的主机可以不用填写此项内容。对于 DNS 作者也将在介绍 Internet 时再向大家具体说明。

现在一个普通的图书馆中，其主机的数量都超过了 100 台，在实际的管理工作中，如果要对每一台计算机进行配置，既麻烦又容易出错，有什么更方便、更有效的方法来解决吗？IP 地址的配置方式主要有两种：一种是人工配置，对每一台计算机都进行配置；二是动态指派，每个主机登录后都能得到一个动态的、非专有的 IP。动态 IP 地址通常通过 DHCP（Dynamic Host Configuration Protocol，DHCP）进行配置和管理。要实现 DHCP 协议，首先需要在全网拥有一台 DHCP 服务器，其次需要在其他工作站上实现 DHCP 协议。DHCP 工作站一旦开始运行，就会和 DHCP 服务器建立通讯，然后由后者为其指定 IP 地址。目前，DHCP 服务器一般有两种方式来实现，一种是较为传统的方式，即利用 Windows2003server 中的 Microsoft DHCP 服务器；二是借助于具有 DHCP 功能的交换器，对其进行设计和实现。虽然这两种方式都可以使用 DHCP，而且效果相差不大，但尽量还是使用后一种方式。原因很简单，在 DHCP 系统上安装一个服务器，那么这个服务器的维护成本就会大大地提高，如果这个服务器出了什么问题，那么整个网络都会崩溃。因此，为了便于今后对图书馆进行数字化管理，最好把网络和信息服务的功能分开，把网络的维护工作交给专业的网络设备来完成，这样可以降低发生故障的概率。

第二节　物联网技术

物联网（Internet Trade），简称"IOT"。在国际电信联盟 ITU 发布的 ITU 互联网报告中，对物联网下了这样的定义：利用二维码识读设备、射频识别 RFID 装置、红外感应器、全球定位系统和激光扫描器等信息传感设备，按照约定的协议将任何物体与互联网相连，进行信息交换和通信，能够实现智能化识别、定位、跟踪、监控和管理目的的一种网络。

物联网是指"万物互联互通的互联网"。它包含了两个含义：一是物联网的核心与基础依然是互联网，并且是以互联网为基础的能够进行拓展与扩大的网络；二是它的使用者在用户端能够进行商品间信息的交流和通信。

按照国际电信联盟 ITU 对物联网的定义，物联网的核心问题是"物对物（T2T）""人对物（H2T）""人对人（H2H）"三种模式之间的互联互通。不过，与传统互联网的区别在于，H2T 指的是人使用通信设备与物体之间的连接，这就让物体的连接变得更加简单。而 H2H 指的是人与人之间不需要依靠电脑 PC 就可以进行的互联。由于互联网不能实现对任意事物的连通，所以我们利用物联网来解决这一传统问题。物联网，顾名思义，就是将一切物品都联系在一起，很多学者在谈论物联网的时候，都会提到"M2M"这个词，也就是人到人（Man to Man），人到机器（Man to Machine），机器到机器（Machine to Machine）这样的三种方式。就其实质来说，人与机器、机器与机器的互动，更多地是要完成人与人之间的信息交流。

物联网的本质是一种网络，是具有可以利用各种信息传感设备，对任何需要监控、连接、互动的物体或过程等各种需要的信息进行实时采集，并与互联网相结合的一种网络。它的目标是使事物与事物，事物与人，以及一切事物都能与网络相联结，便于识别、管理和控制。如果要实现上述功能，就需要借助物联网中的数据感知技术。下面作者将着重介绍这些技术，因为它们是建立一个智能图书馆实体空间的重要技术。

一、短距离无线通信技术

目前最常见的短距离无线通信技术有 NFC、蓝牙、ZigBee、Wi-Fi、UWB 和 DSRC 等，这些都是物联网数据传感技术中一个重要的组成部分，也是在构建智慧图书馆时可以用到的技术。

近场通信（Near Field Communication），简称 NFC，也就是近距离无线通信，它的特点是可以实现电子设备之间 10 厘米以内、无接触、点对点、低功耗、高频率的无线通信技术。这项技术源于非接触射频识别（Radio Frequency Identification）也就是 RFID，它可以与 RFID 向下兼容，最初是飞利浦 Philips、诺基亚 Nokia 和索尼 Sony 三家公司推出的，主要应用在手机等装置上。基于近场通信的天然安全特性，NFC 在移动支付等方面极具发展潜力。当前，近场通信技术在智能图书馆的应用主要是校内一卡通的付款方式和访问控制系统。

蓝牙（Blue tooth）是一种无线通讯技术，它可以实现近 10 米范围内的无线通信功能，也可以实现手机、掌上电脑、无线耳机、手提电脑等相关外部设备的信息通信。使用蓝牙技术，移动通信终端装置间的通信可以被有效地简化，装置与互联网（Internet）间的通信也可以被成功地简化，因此，数据传输可以更快速、更高效，拓宽了无线通信的途径。蓝牙使用的是分布式网络结构，并使用了快跳频和短波技术，它支持点对点及点对多点通信，工作在全球通用的 2.4GHzISM（即工业、科学、医学）频段。该系统的数据传输速率能够达到 1Mbps，并使用时分双工技术来实现全双工的传输。蓝牙技术的程序是被写在一个 $9\times9mm$ 的微芯片中，这是一个特别连接的开放性全球规范，目的是建立一个固定的与移动设备通信环境。对移动电话和整个 IT 行业来说，蓝牙不再是一种技术，而是一种理念。

ZigBee（紫蜂）即 IEEE802.15.4 协议的别名。该协议定义的技术是一种短距离、低功耗的无线通信技术，这个名字来自蜜蜂的"八"字舞，因为蜜蜂通过飞行和振翅发出"嗡嗡（zig）"声的"舞蹈"，将花粉的位置告知自己的同伴，所以它们在种群中形成了一种通信网络。ZigBee 具有距离近、复杂性低、自组织、低能耗、低数据率、低成本等优点。该产品主要用于自动化、遥测等方面，可嵌装在多种装置中。总之，ZigBee 是一项廉价、低耗的短程无线组网通信技术。在智慧图书馆的应用中，ZigBee 主要用在与温湿度传感器、烟雾传感器、红外传感器、智能开关模块等各种智能设备的连接中。尽管 ZigBee 系统在价格、功能等方面均无法与 RFID 系统相比，但是其在长距离通信、身份认证等方面具有明显的优势。

Wi-Fi 是一项能够将个人计算机、手持装置、移动电话等多个终端之间以无线方式进行互联的技术。这是 Wi-Fi 联盟（Wi-Fi Alliance）旗下的无线网络通信技术的商标，旨在根据 IEEE802.11 标准，提高无线网络产品间的互通性。UWB（Ultra Wide Band）也就是超宽带技术，这是一种可以通过纳秒至微秒（ns—Ms）级的非正弦波窄脉冲来传输数据的无载波通信技术。在构建智慧图书馆中，Wi-Fi 是最重要的无线通信方式，需要对全面覆盖的 Wi-Fi 热点进行详细的规划，以满足读者对多种设备的无线接入需要。此外，也要在室内利用 Wi-Fi 的三角定位算法进行重要的定位，这样能够在构建智慧图书馆的智能化导航服务中提供技术支持。

  DSRC（即 Dedicated Short Range Communications，专用短程通信技术）是一种高效的无线通信技术，它可以实现在特定小区域内（通常为数十米）对高速运动下移动目标的识别和双向通信，例如车辆的"车—路""车—车"双向通信，实时传输图像、语音和数据信息，将车辆和道路有机连接。DSRC 技术在不停车收费、车辆进出控制、车辆排队管理、信息服务等领域有着广阔的应用前景，其在小范围内的车辆识别和驾驶员识别、路网与车辆信息交互等领域有着重要作用。目前，DSRC 技术较为成熟的应用有两种，一种是汽车自动识别（AVI），另一种是 ETC，也就是电子收费系统。AVI 中的 DSRC 设备是一种射频电子标签（Radio Electronic Table，RFID），主要用于生产线货物标识、海关车辆通关、集装箱自动识别等场合。在这种情形下，只需要一个简单的射频识别装置就可以了。在 ETC 的使用过程中，以往的系统大多是以记账为主，只对 ETC 装置的读取和写入提出了简单的要求。但是，随着技术的应用和发展，ETC 设备逐渐采用了更加灵活、安全和低运行风险的付款方式（如金融电子钱包），并逐步形成了一套 DSRC 标准。

二、自动识别技术

  自动识别技术是一种以计算机技术和通信技术的发展为基础的综合性科学技术，自动识别、自动采集数据，并且自动输入计算机进行处理。近年来，自动识别技术发展迅猛，已经成为一门集计算机、光电、机械、通信等为一体的技术，是国际上一个重大的系统工程。该系统能帮助人们快速准确地完成数据的采集与输入工作，并能有效地解决实际工作中存在的输入速度慢，错误率高的问题。

  现在，它已经被广泛地应用于邮电通信业、物资管理、物流、仓储、医疗卫生、安全检查、餐饮、旅游、票证管理，以及人们的日常生活中。它是一种基于计算机与通信技术的综合科技。自动识别技术以真实的数据为基础，借助计算机系统，对信息化的数据进行自动采集并对其进行识读，在实际应用中，为用户提供有关工作的决策信息，或者是自动化装置等技术系统的控制信息。

  自动识别技术是目前信息技术中的一个重要分支，它可以为每个行业提供以自动识别与数据采集技术为主的信息化产品与服务,在很大程度上提升了供应链的应用效率,促进了各国信息化建设,拥有着广阔的发展前景。自动识别技术作为一门独立学科,具有庞大的家族体系,包括条形码技术、磁卡技术、光学与图像识别技术、射频识别技术、语音识别技术以及生物特征识别技术等。各种识别技术都有各自的特点和适用范围,从整体上看,它们的发展呈现出了一种将多种识别技术结合在一起的集成应用趋势,而且它们的应用范围还在不断扩大,并且朝着纵深的方向发展。

自动识别指的是将信息编码进行定义、代码化,并将其装载到相关的载体中,借助特定的设备,可以实现对定义信息的自动采集,并将其输入信息处理系统,从而得出结论的识别。自动识别是一种基于计算机与通信技术的综合技术,是一种规范的数据编码、采集、标识、管理与传输的技术。

自动识别系统是一种以信息处理为主要内容的技术系统,其输入端是还没有识别出来的信息,输出端就是已经识别的信息。主要有特定格式信息系统和图像图形格式系统两种。

采用规定的表现形式来表现规定的信息,这就是特定格式信息系统。比如条形码、IC卡中的数据格式。流程:被识别对象—获取信息—译码—识别信息—已识别信息。

图像图形格式信息识别系统。图像图形格式信息则是指二维图像与一维波形等信息。例如二维图像包括的文字、地图、照片、指纹、语音等。流程:被识别对象—数据采集获取—预处理—特征提取与选择—分类决策—识别信息—已识别信息。

(一)条形码技术

条形码技术是以条码为主要表现形式的自动识别技术之一,条码是一组规则排列的"条""空"以及相应的数字,用以表示一定的字符、数字及符号组成的信息。

"条"是指对光的反射性比较弱的部位,"空"是指对光的反射性比较强的部位,"条"与"空"可以通过多种方式进行组合,从而形成多种类型的图像,具有多种用途。条形码的应用媒体一般为纸张,将其粘贴于物品的表面,并采用光机进行扫描。条形码的密度不一样,就会产生不同强度的光线,然后由解码器转化为数字信息。扫描仪将条形码扫描并转化为二进制数字;解码器将二进位转为十进位,然后输入电脑进行运算,最后获得正确信息。

在商品零售业中,条形码是最普遍使用的一种技术,每一种产品都有一个单独的条形码,以保证其在世界范围内的唯一性。国际物品编码组织负责指定和批准成员国的国别代码,然后由成员国的商品条码主管部门,向本国的相关生产商、批发商、零售商等授予厂商代表代码。根据维数的不同,条码可以划分为一维条码、二维条码,以及其他一些类型。目前市面上使用最多的是一维条形码,它由"条"与"空"两种不同的反射系数构成,在横向上表示信息,一般为30个字,一般含有字母、数字等,一旦条形码损坏,条形码将不再适用。随着应用范围的扩大,条形码的信息量和密度越来越大,一维条形码正逐步向二维、三维条形码发展。二维条码是将信息存储在横向和纵向两个维度上,具有信息容量大、编码范围广、样式多、尺寸小、纠错能力强等优点。二维条码主要有两种类型:一种类型为矩阵码和点码,将相关数据以二维空间形式进行编码;另一种类型含有交叠或多条线的条形码符号,有关的数据被列成一行。

条形码技术是现在图书馆应用最为广泛的一种识别技术,因为其成本较低、技术成熟而被众多图书馆应用。

条形码技术在图书馆的使用主要体现在两个方面。

一是图书条码,作为图书ID,主要用于流通时扫描录入,实现自动化操作。二是二维码的应用。广泛应用于向机器传递信息,特别是向智能移动终端(手机)快速传递信息。其实质是把这本电子书的下载链接地址发送给手机,这样就免去了读者要手工输入一大串链接地址的麻烦。

最后,本书提出了一种新的解决方案,并对其应用前景进行了分析。二维码在图书馆中的运用,主要包括了如下几个方面:第一,导航和定位服务:对二维码进行拍摄,能够获得当前的读者和图书馆的位置,将地理位置的坐标编码到二维码中,再经过移动智能终端的拍摄和识别,就能够利用移动智能终端的导航功能,迅速地对图书馆的位置进行定位,并获得图书馆的具体路线;第二是信息和资源的共享:以二维码的形式把各种资源和信息的内容与别人共享,比如,以二维码的形式把图书馆的书目信息共享给别人;第三,快速获取:通过扫描二维码,可以迅速地下载到各种信息和文件，比如，图书馆手机客户端的安装文件、学术期刊、文章等等；第四，内容记录服务：读者可以在不带纸和笔的情况下，对与之有关的资料进行记录，并在拍照后，将资料储存在手机上；第五，导航服务：可以通过扫一扫，获得当前的位置，然后利用相应的软件，对用户进行定位和导航，比如，可以根据展会上的展品介绍，来确定用户的位置。

（二）磁卡技术

磁卡技术是一种将物理、磁性等基本理论运用到计算机中，并以其为代表的一种自动识别技术。磁卡是一种薄薄的物质，它由铁磁氧化物颗粒与树脂结合而成，然后覆盖在无磁性的底板上，例如纸张或者塑料。把特定的信息预先存储在卡内，这样，在卡经过读卡机的磁头时，就可以读写二进制的信息。

磁条卡的优势在于：可以读取和写入数据，也就是可以在现场修改数据；数据存储量大、操作简单、价格便宜；数据安全；可对各种大小、形状的底板进行粘合。因此，它被广泛地用于信用卡、银行ATM卡、飞机票、巴士票、自动售货卡、现金卡（如手机磁卡）等。随着IC技术的不断进步，人们把一块既有运算功能，又有加密存储功能的IC芯片放入一块同一张信用卡尺寸相当的衬底内，形成了一种"IC卡"，即"Smart Card"，也就是"智能卡"。它最大的特点在于有一个独立的操作存储空间，即使是被动的操作，也不会造成数据的损失，所以它的安全性和保密性都很好，而且价格也很低。

将智能卡与微机技术有机地结合在一起，可以很容易地实现多种信息的收集、传输、加密和管理。它被广泛地用于银行、公路、水气收费、海关的车辆检查（一次就可以完成）等很多方面。

（三）光学与图像识别技术

光学文字识别是一项非常古老的技术，它已经有三十多年的历史。近年来，随着微电子技术和计算机技术的不断发展，图像文字识别技术应运而生。这两种方法的工作原理是一样的，都是提取并分析图像中的特征，并自动识别出标识、字符、编码结构等。在文字电子化的进程中，光学字符识别技术是最为关键的一个步骤，它利用扫描机、摄像机等将印刷品的图像信息转换为对应的文本信息，并将其用于办公室自动化中的文本输入、邮件自动处理以及相关领域中的自动获取文本过程等。图像识别技术对传统的图像信息的概念进行了拓展,它已经不再局限于视觉形象或非可见光谱图像,而是针对复杂对象或系统从不同的空间点、时间点等方面收集到的全部信息之和。该方法在遥感、工业探测、生物医药、海洋地质等方面有着广泛的应用。

(四)射频识别技术

射频识别技术,又称 RFID,它属于一种非接触自动识别技术,将无线射频技术、传感器网络技术、网格技术以及软件中间件等技术相结合,在没有人工介入的情况下,可以对大量数据进行自动化的快速识别,从而实现处理和信息交互。由于 RFID 的优良性能,它的应用非常广泛,如物流跟踪、车辆自动识别、智能交通系统、生产线自动化和过程控制、动物监控和管理,以及图书馆的应用等。RFID 等射频识别技术具有识别精度高、自动化程度高等优点,是建设智慧图书馆的首选技术。

(五)语音识别技术

语音识别技术,又称声音识别技术,是指将人的语音转换成电信号,再将电号输入到具有特定含义和规范的编码模式中,进而转换成计算机能够识别的数据形式,以启动组织文件、发出声音等行为。其主要用于汽车产业的制造和检查任务,物流仓储和配送的物品跟踪,运输业的收货装车作业,办公文件录入,人机交互场景应用等。语音识别系统采用批量式和实时式两种方式采集信息。分批式指的是将信息从主机系统中下载到手持终端中,并进行自动更新,在一定时间内,再将所有的信息上传到计算机的主机处。实时式指的是将 RFID 技术与其结合起来,展开应用,为用户提供与主机之间的实时、快速的连接,最终完成语音特征提取、模型匹配和语言处理三个过程。

(六)生物特征识别技术

生物识别技术是一种利用计算机技术,根据人体的生理、行为特点,对人体进行识别的一种方法。产品适用于金融证券、海关、教育、门禁等行业,利用人类特征具有不可重复性这一特点,对采集到的生物特征数据进行比对,从而实现对人的身份识别。其中最主要的是指纹和脸部识别。

（七）机器视觉技术

机器视觉是一种不需要人工参与，利用计算机对所采集到的图像进行处理、分析、得出结论的技术。该系统可用于多种领域，如自动识别、检测与检测、机器人导引与控制、物料搬运与分拣等，也可用于医学、医药等领域。在对机器视觉有一定需求的场合，如机械臂装配生产线上的质量检查、测量等，基于视觉的自动辨识是很自然的选择。在这种复杂的应用程序中，一个单独的视觉系统就可以同时完成这两个任务。

该系统利用一台连接到电脑上的照相机拍摄影像，并把影像转化为可供机器阅读的影像。这就是所谓的数码化。为了得到所需的资料，我们使用了一个软件程式来处理这张数码影像。目前，大部分的视觉系统都采用了特殊的电路（硬件），而非软件。由于以硬件为基础的系统具有很高的图像处理速度。一般情况下，如果有更多的硬件，则可以加快设备的运行速度。

为了对数字图像进行处理，人们开发了各种基于数学的处理过程和方法。有些常规的系统进行光学字符识别（OCR）或者识读条码。另一些相机则会在一组固定的镜头中辨认并搜寻运动物体，或者根据物体的外形对其进行分类（外形辨识）。

在此之前，由于一个普通的机器视觉系统需要大量的硬件和复杂的软件，所以它的价格要远远高于条形码扫描仪。如今，由于硬件价格的急剧下跌，使得条形码扫描和机器视觉之间的价差大大缩小。当速度更快的芯片和附加的卡片问世时，机器视觉系统的价格将会持续降低。

此外，机器视觉也可用于识别二维码，尤其是在弱光强对比度条件下，由于激光扫描或CCD扫描无法识别，机器视觉可以有效地识别二维码。甚至在机器视觉成本很高的情况下，基于视觉的自动识别系统也能够在工业领域被使用。机器视觉技术在不断进步。当前，该技术已广泛应用于汽车制造、电子、航空航天、食品、医药、饮料、木材、橡胶、健康、金属等行业。随着技术的不断完善，它将越来越多地被用于工业生产中。

第三节 机器人与人工智能技术

能够依靠自身动力和控制能力来实现各种功能的一种机器就是机器人。能够通过编程的方式进行多功能操作的机器，或者是能根据任务的不同而进行电脑改变和可编程动作的一套专门的系统，这就是联合国标准化组织采纳了美国机器人协会给机器人下的定义。

机器人智能服务是未来图书馆智能化服务的标志，在借阅室中配置相应的机器人，读者可以在机器人上的显示屏上寻找或者输入自己想要的图书，机器人会自动地寻找图书，并完成相应的借阅程序，为读者提供了一站式的智能服务，为他们提供了极大的方便。

自动分拣、盘点、巡架机器人能使图书馆管理员从繁杂的重复劳动中解脱出来，使图书馆管理员有精力投入更高级的读者咨询服务工作。

机器人大致可分为三代，分别是编程机器人、感知机器人和智能机器人。从"深蓝"战胜国际象棋世界冠军卡斯帕罗夫到 AlphaGo 战胜围棋世界冠军李世石，几十年来，智能机器人总能出乎意料地在智力上战胜人类，其智力发展水平早已超乎了所有人的想象。

一、不同智能机器人及其运用

（一）自动盘点机器人

从 2011 年开始，武汉大学的图书馆依靠条形码和可充消磁条，为读者提供自助借阅、归还等服务。为进一步提升服务效能，2017 年还通过 RFID 智慧图书馆项目，在符合 ISO 18000–6C 空中接口协议的情况下，把将近 300 万册的馆藏图书安装了专属标签，称为 UHF RFID 标签，另外，还把书库内所有书架进行了 UHF RFID 标识。我国国内第一家大规模应用由南京大学计算机科学与技术系教授陈力军团队开发，融合了 RFID 感知、计算机视觉与智能机器人等技术的自动盘点机器人的图书馆，就是武汉大学图书馆，这款自动盘点机器人的主要工作内容就是对总馆的 70 多万册图书进行自动盘点、定位，目的就是解决传统图书盘点方式效率低下的问题。这一应用，符合高校图书馆 RFID 技术应用联盟制定的数据模型规范，同时这一平台还通过 SIP2 接口与图书馆集成系统 Aleph500 对接，可以为各类自助借还终端、馆员工作站、盘点定位设备提供接入服务。

实现方法：利用多个天线，动态调整射频功率，多次读取数据，降低距离、环境等因素对定位精度的影响。该 RFID 阅读器在清点时，获取该 RFID 标签的 EPC 数值"epc"，读取时间戳"t"，并获取与该时间点相对应的信号相位"θ"、RSSI 值"r"等。运用 RSSI 值随时间变化规律、相位双曲线拟合、采样数据训练分类等模型，以获得的变量为基础，对每一本书的所在层架、左右排序和摆放状态进行求解。传统的 RFID 盘点需要首先扫描层架标，再扫描该层架的图书来建立图书和层架的绑定关系。自动盘点机器人采用首页位置及概率计算的方法，实现了书与书架的自动连结，使盘点的效率得到了进一步的提高。首先，机器人在运动中收集书籍编号，并根据编号的出现概率，建立编号间隔和书籍位置的计算模型；其次，将书籍与书籍之间的编号进行比较，并结合书籍的首页定位算法，确定书籍编号和书籍所在间隔之间的对应关系。如果判定为错架书籍，就会计算出书籍的正确架位，并把这个正确架位作为书籍的初始位置，写到 RFID 应用平台的数据库中。之后，机器人每次清点时，都会自动产生清点地点，并将清点地点信息存入 RFID 应用平台的数据库。该系统实现了对旧书进行定位、上架或倒架等操作，并实现了对位置信息的采集与运算。

优点和缺点：相对于人工盘点来说，机器人盘点的效率更高，并且具有更高的定位精度，它可以有效地解决长期以来困扰图书馆管理者的图书盘点工作效率低、效果差、耗时耗力，读者无法及时准确地获得图书定位信息等问题。但是，该系统也存在着一定的缺陷，尽管对书籍的定位精度达到了 96%，但是仍然有极少数书籍不能够被识别出，因此，该系统的定位算法还有待改进；由于清点位置数据是在云服务器上处理，严重依赖于网络连接。其中，超高频 RFID 被动式标签是通过接收机向其发送一定频率的射频信号来实现对其的读出，而天线在接收到一定的电流后，启动标签芯片，并将信息传回给用户。尽管超高频 RFID 标签的读出范围更大，但是它也更易受到电磁波的屏蔽和反射。其中，屏蔽性效果会直接影响到阅读标签的速度，例如，在手工清点时，会发现有些图书由于书皮是金属的，或者是紧贴着书架上的钢制隔断，所以难以阅读到它们的标签；但是，反射效应在阅读过程中，会导致 RSSI、相位等数据出现异常。例如，在机器人的自动清点过程中，由于金属反射产生的离群值，会影响到算法模型的正确性，从而导致一些书籍被错误地定位或排序。

（二）移动搬运机器人

Automated Guided Vehicle，简称 AGV，也就是移动搬运机器人。当前最常见的应用就是 AGV 搬运机器人或 AGV 小车，它的主要功能和作用都是自动化的物流搬运，AGV 可以根据特定的标志来进行自动的运送，最常用的导向方法是磁条导航和激光导航。米克力美公司研发的 UHF RFID 导向是目前最先进、最具扩展性的一种磁条导航。磁条导航是一种常见且费用最低的方法，但它存在着一定的限制，而且会对现场的装饰造成一定的影响；激光导航的成本最大，它对场地的要求也是很高的，因此，通常不会使用它。RFID 引导的成本中等，它的优势是具有很高的导向精度，可以满足最复杂的站点布局，而且不会对场所的整体装修环境造成任何影响。此外，RFID 的安全性、稳定性也是磁条导航和激光导航无法比拟的。

当前大部分的移动搬运机器人采用了电磁感应、激光感应、RFID 感应这三种引导技术。

（1）电磁感应型：也就是最常用的磁条导航型，用磁条在地上粘上一层磁带，AGV 卡车在经过时，底部安装了一个电磁波传感器，可以根据磁条上的标记，来进行自动运送，根据磁条的极性来设定站点。

（2）激光感应型：由激光仪辨认出在其工作区域内所设的几个标记，以判断出激光型 AGV 的坐标位置，以指导 AGV 的工作。

（3）RFID 感应型：利用 RFID 标签及读出装置，自动侦测到坐标位置，使 AGV 小车自动运转，可由芯片标签任意设定坐标，再复杂的坐标设定，亦可轻易达成。

随着自动化、计算机集成制造系统技术的不断发展，以及柔性制造系统、自动化立体仓库的广泛应用，AGV 作为联系和调节离散型物流管理系统使其作业连续化的必要自动化搬运装卸手段，其应用范围和技术水平得到了迅猛的发展。

AGV 的优点如下：

（1）自动化程度高——由计算机、电控设备、磁气感应 sensor、激光反射板等控制。

当某一物品需要搬运时，由工作人员向计算机终端输入相关信息，计算机终端再将信息发送到中央控制室，由专业的技术人员向计算机发出指令，在电控设备的合作下，这一指令最终被 AGV 接受并执行搬运。

（2）充电自动化——当 AGV 小车的电量即将耗尽时，它会向系统发出请求指令，请求充电（一般技术人员会事先设置好一个值），在系统允许后自动到充电的地方"排队"充电。另外，AGV 小车的电池寿命很长（2 年以上），并且每充电 15min 可工作 4h 左右。

（3）美观——提高观赏度，从而提高图书馆的形象。

（4）安全性——人为驾驶的车辆，其行驶路径无法确知。而 AGV 的导引路径却是非常明确的，因此大大提高了安全性。

（5）成本控制——AGV 系统的资金投入是短期的，而员工的工资是长期的，还可能会随着通货膨胀而不断增加。

（6）易维护——红外传感器和机械防撞可确保 AGV 免遭碰撞，降低故障率。

（7）可预测性——AGV 在行驶路径上遇到障碍物会自动停车，而人为驾驶的车辆因人的思想因素可能会有判断偏差。

（8）降低产品损伤——可减少由于人工的不规范操作而造成的物品损坏。

（9）改善物流管理——由于 AGV 系统内在的智能控制，能够让图书摆放更加有序，图书馆更加整洁。

（10）较小的场地要求——AGV 比传统的叉车需要的巷道宽度窄得多。同时，对于自由行驶的 AGV 而言，还能够从传送带和其他移动设备上准确地装卸货物。

（11）灵活性——AGV 系统允许最大限度地更改路径规划。

（12）调度能力——由于 AGV 系统的可靠性，使得 AGV 系统具有非常优秀的调度能力。

（13）工艺流程——AGV 系统应该也必须是工艺流程中的一部分，它是把众多工艺连接在一起的纽带。

（14）长距离运输——AGV系统能够有效地进行点对点运输，尤其适用于长距离运输（大于60米）。

（15）特殊工作环境——专用系统可在人员不便进入的环境下工作。

另外，安装AGV系统之前，必须要考虑到两个有关安全性的问题，一是车辆之间或是车辆与人员的碰撞，二是当该车辆发生防碰撞系统故障时，必须先停止行驶，等人工干预之后再恢复工作。

安全设备有固定设备和移动设备两种。固定设备主要组成包括阻塞系统和设备的布局在内的系统的部件。另外一种就是在负载、重心、车速等规定范围内进行活动的移动设备。如果想要使用AGV系统，就必须对用户进行安全培训。在许多防撞系统和交通控制中，最简单的防撞措施就是在车辆前面加上一个防撞条来进行缓冲，同时还要让车速保持下降，一旦发生碰撞，车辆就立刻停止。另一种措施是区域遮挡，即在导轨上隔开不同的区域，车辆只有在下一个区域没有车辆时才能进入。车辆传感器由导轨下方的地感线圈检测。该方法一般采用可编程控制器进行相关逻辑控制。计算机监测所有汽车的方位和汽车间的空隙。

空间布局应考虑车辆通道宽度、距人行通道距离、与车间设备间距。车辆检测应包括速度探测和载重探测等，此外，还应避免行人受到伤害。相关光学传感与超声波传感器可用于检测车辆间距。

（三）扫地机器人

扫地机器人是一种智能化的服务型机器人，可以通过人工智能，对整个房间进行自动清扫。扫地机器人主要是通过刷扫和真空的方式，来进行地面清扫。我们把那些能完成打扫、吸尘、拖地等任务的机器人，都归类到了扫地机器人这一类别里。关于未来扫地机器人的功能，应当是朝着更高的智能程度、更高的效率、更大的清扫区域的趋势发展。扫地机器人能够完成以下任务：

首先，能够对清扫区域进行扫描与识别。扫地机器人需要对清扫区域进行熟悉，把房间的位置图，家具位置等内容输入并储存到机器人所装载的微电脑中。进而通过天花板卫星定位系统完成工作。

其次，能够对地面出现的垃圾进行识别。扫地机器人的工作原理是，先通过红外线感应，然后根据垃圾的种类，自行在吸、扫、擦之间选择相应功能。现在的问题是，扫地机器人的功能比较单一，只是能够识别有没有垃圾，打扫方式也比较简单。这些都是未来需要解决的问题。

扫地机器人内部可以有多种清洁方式，例如直线型、沿边打扫型、螺旋型、交叉打扫、重点打扫等，但对于不同的垃圾种类，具体用哪种方法，则是由微电脑来决定。

一般情况下，微机会根据检测出的污物种类、污物的多少等，来选择清洗方法。虽然被称为机器人，但也有一个很重要的功能，那就是可以和人进行交流，但是这种功能还没有被完全开发出来，很少被用在扫地机器人上。但这一点，却是决定未来扫地机器人是否能被称为机器人的关键。

扫地机器人的清洁系统分以下几种：

（1）单吸口式。对于地板上的浮灰，一次吸气的清洗方法是有效的，但是对于长时间堆积在桌下的灰尘和静电吸附的灰尘，就没有那么好的清洗效果了（比较简单，只有一个吸气口）。

（2）中刷对夹式。对于大颗粒和地毯有很好的清洗作用，但是对于地板上的细微灰尘处理略有不足，比较适合欧洲家庭使用，尤其适合铺有地毯的家庭使用。对大理石地板和实木地板的微尘清除不佳（清除方法以一只橡胶刷为主，另一只毛刷相对转动夹杂着灰尘）。

（3）升降V刷式。它使用了一种可升降的V型刷子漂浮式清洗方式，使清扫系统与地面的环境更贴近，通过静电吸附的方式进行清扫（全V型刷子可自动上升，在三角形的区域内产生一个真空的负压），从而使清扫系统更贴近地面环境。

扫地机器人的侦测系统主要有以下两种：

（1）红外线传感。红外线的传播范围很大，但是对环境的要求很高，如果遇到一些颜色较浅或者较暗的家装，红外线就不能反射，会导致机器和家装之间的碰撞。久而久之，家中物件的表面就会被它撞击出斑斑点点。

（2）超声波仿生技术。这是一种利用超声波来探测和判断家居物品和空间方向的方法，虽然精度很高，但造价也很高。在航天行业也是有系统应用的。

扫地机器人的操作要点：避免在湿度较大的地方使用，避免因电机受潮而引起短路，引起火灾。如非干湿式吸尘器，切勿吸吮；请勿使清洁机器人吸入火柴，

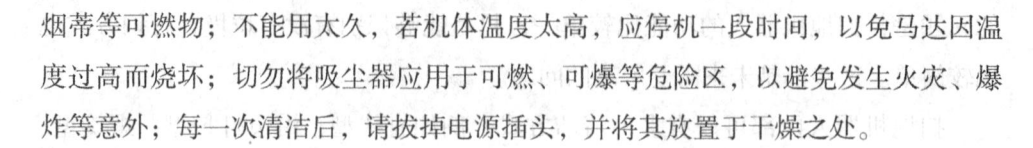

烟蒂等可燃物；不能用太久，若机体温度太高，应停机一段时间，以免马达因温度过高而烧坏；切勿将吸尘器应用于可燃、可爆等危险区，以避免发生火灾、爆炸等意外；每一次清洁后，请拔掉电源插头，并将其放置于干燥之处。

（四）智能服务机器人

智能服务机器人是一种集各种高科技于一体的智能化设备，能够在非结构性环境中为人提供必需的服务。目前，国际上对服务机器人的研究以德国、日本为中心，并已在多个行业得到了广泛的应用，中国近年来也有了较大的发展，众多的机器人研发企业纷纷将研究重心转移到了服务机器人上，例如新松机器人公司，已研制出第三代服务机器人。

在智慧图书馆中，智能服务机器人的作用主要是为读者提供咨询、路径引导等服务，还可以进行一些读者自助服务，比如打印、借还等。

二、机器人的人工智能技术

在研发智能机器人的过程中，人们已经掌握了一些关键性的技术，这些技术的应用将为人类的发展带来常规技术难以企及的贡献。

（一）多传感器信息融合技术

近年来，多传感器信息融合技术受到科学界的广泛关注，这门技术也一度成为人们竞相研究的热门课题。通过单一的、一般的智能技术，机器人在复杂、动态和不确定的环境中很难正确地执行任务，而通过多传感器信息融合技术与控制理论、人工智能、信号处理、概率和统计等理论的结合，很有可能达到这一目的。

针对智能机器人的应用，将其分为内量测和外量测两种。其中，方位角传感器、加速度传感器、倾角传感器、角速度传感器，这些传感器能够辅助智能机器人对其各组成部分的工作状况进行监测；外部传感器包括视觉、触觉、力觉和角度传感器，它们的作用是辅助机器人获得外界的信息。多个传感系统的信息融合，即把不同传感系统的传感数据进行集成，并对其进行统一处理。经过全面的分析，得出的资料更加可靠、准确、全面。将不同类型的传感系统进行融合，使其能够更全面、更精确地探测到未知物体的特征，增加了所获得的信息的可信度。通常情况下，多个传感器所得到的数据，都是互补、实时的。近年来，在对多传感数据进行分析的基础上，提出了小波变换、卡尔曼滤波、神经网络、贝叶斯估计等多个传感器数据融合方法。

（二）导航与定位技术

机器人研究领域存在着很多重点和难点问题，而自主导航就是其中之一。因此，这也确定了自主导航在机器人系统中的核心技术地位。在智能机器人的运动过程中，精确的导航尤为重要。导航的任务有三点：

第一，全局定位。这种定位方法以机器人对环境的认知为基础，在不熟悉的环境下，通过对环境中特定物体的感知与辨识，以特定物体为自己的行为路标，或以特定物体为参照系，实现自己的精准定位，为路径规划提供了依据。

第二，目标识别和障碍物检测。为提高机器人控制系统的稳定性，机器人在运动时，需要对障碍或特殊目标进行实时的识别与探测。

第三，安全保护。保证了机器人在工作过程中不受外部障碍或运动对象的影响。

一个高级的智能机器人，通常都拥有各种各样的导航模式。导航按照环境因素和信号类型可分为基于地图的导航、基于自创地图的导航和无地图的导航。此外，导航硬件亦可确定导航模式，依据导航有无使用视觉传感器，可将导航系统分为视觉导航与非视觉传感器组合导航。

摄像机作为一种必不可少的传感器，能够实现对周围环境的实时监测和识别。当前，基于图像的视觉信息压缩与滤波，实现道路表面的检测与障碍的检测，特定环境的标识识别，以及三维信息的感知与处理。但是，对于非可视化的传感器来说，它的应用也是非常广泛的。具体来说，通过探测和感知环境中的动态和静态信息，获取有用的数据，对机器人的位置、姿态、速度以及内部状态进行及时的调整，以正确的工作顺序和操作内容来适应外部环境的变化，从而对机器人进行有效的导航。

定位是导航的一部分，也是最重要的内容之一。在导航过程中，进行实时规避和全局规划时，要求对机器人或障碍物的位置进行精确定位。而如何精准定位机器人或障碍物的当前位置，是科学家一直在研究的问题。目前，比较成熟的定位系统分为两种，分别是被动式传感器系统和主动式传感器系统。

（三）路径规划技术

在机器人的研究中，存在着许多重要的分支，而路径规划则是这些分支中的一项。路径规划的优化准则可以是一个，也可以是多个，这些准则包括工作代价最小、行走路线最短、行走时间最短等，该技术的研究目的在于找到一条正确完成任务的最优路径。其中，自由空间法、图搜索法、网格解耦法和人工势场法是最常用的算法。传统的路径规划方法主要用于全局规划，但是这种方法也不是十全十美的，例如路径搜索效率和路径优化。通过采用智能路径规划方法，能够极大地提升机器人在避障方面的准确性和规划速度，从而能够有效地满足机器人在实践中的应用需求。当前，在路径规划研究领域中，模糊算法、神经网络算法、遗传算法、Q学习算法及混合算法等得到了广泛的应用，并且取得了一定的研究成果。

（四）智能控制

随着人工智能技术的不断进步，传统的智能机器人控制方法也出现了一些缺陷，如不能准确地对物理对象进行建模，不能有效地解决信息不充分的病态问题等。但是，在过去的几十年里，人们已经提出了许多关于机器人智能控制的新方法，如模糊控制，神经网络控制，智能技术的融合控制，等等。近年来，随着智能机器人技术的不断进步，人们对它的认识也越来越深入。比如，科学家们对模糊系统的趋近性质进行了研究和证明，并将其运用于机器人领域。目前，模糊控制技术已被广泛地应用于机器人的建模、模糊补偿控制和机器人的运动轨迹控制。CMCA是很早就被用于智能机器人神经网络控制领域的一种控制方法，也可以用于自由手臂的控制，具有较高的实时性。

采用这种智能化的控制方式，可以使机器人在速度和精度上都有很大的提高。尽管这种智能化的控制方式有很多优点，但是它自身也有一定的限制。例如，当机器人的规则库太大时，它的运算速度就会变得很慢；而在规则库很小的情况下，由于控制信息过少，也会对控制的准确性造成影响。抖振是智能控制中的一种不良现象，它的出现会对控制系统产生诸多影响，而传统的模糊控制和变结构控制也会产生抖振。另外，在智能控制方面也存在着各种各样的难题。例如，在神经网络的控制中，神经元的数目以及隐含层的数目都是一个令人困惑的问题。其中，局部最小值问题是一类典型的神经网络控制问题。

（五）人机接口技术

智能机器人不可能是人类，也不可能是人类的替身。由于智能机器人的复杂性和对特定环境的适应性较差，因此，采用计算机对智能机器人进行全面的控制是十分困难的。以当前的技术，智能机器人系统离不开人工控制，一般情况下，在对其进行控制时，都需要利用人机进行有效的配合。因此，人机界面技术受到了科学界的高度关注，科学界对其进行了大量的研究，在智能机器人的研究中，人机界面技术成了一个需要进行深入研究的重要课题。

人们之所以会如此重视对人机接口技术的研究，是因为人们渴望与计算机进行交流，从而实现人机互动。而要满足人类的这种需求，一方面需要控制智能机器人的计算机有一个完善的人机界面，另一方面需要计算机理解人的话语和文字，同时也要善于表达，甚至是用不同语言表达。而对知识的表示方法的研究恰恰能满足计算机这些必备的功能，由此可以看出，人机接口技术不仅具有极大的应用前景，还具有深远的理论意义。随着计算机技术的发展，人们在人机接口技术领域取得了较大的突破，各种优秀的研究成果被广泛应用到实际生活当中，比如文字识别、语音合成、图像处理等都是人机接口技术比较成功的应用。

（六）深度学习技术

深度学习（Deep Learning）是现代计算机科学的又一大进步，通过对人脑的神经网络及思维方式的进一步模拟，科学家们可以研发出更为先进的计算机系统。与以往计算机学习不同的是，其配备了具有深度学习功能的电脑系统，在主动性和学习能力上要远远超过一般计算机体系。而就机器人制造方面来说，深度学习理论的提出，对高性能机器人的研发起到了巨大的推动作用。

在深度学习被提出之前，业内对于计算机的认知和探索都是相对朴素的。尤其是在人工智能学习方面，简单的"联结主义"在很长一段时间里引导了该学科。"联结主义"的核心观点就是，通过对人脑神经系统的简单复制，模拟出一个可以传递和识别信息的神经网络。在这一套系统理论的支撑下，再借助部分外联感应装置，计算机就可以顺利地感知外界信息，对其进行分类处理。在这一套理论的指导下设计出来的机器人，实际上是不能当得起"智能"二字的，它们只能进行一些简单的处理，同时能够执行一些预设好的命令和任务。而任何一点偏离主题的概念，都是无法被它们所识别、接受的。

所以说，传统的学习认知模式，同样也存在极大的缺陷，因为在处理部分复杂运算的时候，相对较小的知识库和选择样本就显得"心有余而力不足"。而且早期的计算机学习，其样本特征都是需要工作人员人工选取的，毫无疑问这为"联结主义"在计算机应用方面带来了更多的阻力。正是由于这些因素，"联结主义"在很长一段时间里都受到了挤压和排斥，与之相关的机器人制造也因此受到了极大影响。

不过很快，科学家们就在过往经验的基础上更进一步，他们将"联结主义"理论下的人工神经网络深挖，开发出一种可以自主筛选样本特征的系统，这就是"深度学习"的雏形。

这套研究理论，对计算机的学习运算能力起到了极大的推动作用。在此之后，计算机不仅能够处理一些简单的数据信息，还能够对声音、图像进行更高级别的自主化甄别处理。在运算速度和实用性方面，深度学习的出现可以说是计算机科学的一大进步。

相比于笨拙的计算机早期学习，配备了深度学习系统的计算机能够在极大程度上模拟人脑对事物的思维模式，进而对眼前的样本元素进行储备管理，并整理出一套合乎道理的逻辑关系。这样一来，在样本知识库当中，深度学习型人工智能体就拥有了更为强大的识别、判定能力。

那么，深度学习又是如何通过对人脑的模拟，自发运算出各种不同性质的逻辑命题呢？这一点实际上与当代生物科学的发展有着密不可分的关联性。

20世纪中后叶，美国神经生物学家大卫·休伯尔和托尔斯滕·威塞尔做了一系列关于视觉和动物脑部神经关联的研究实验。他们监测了小猫的脑部皮层，然后在它的眼前陈列各种不同的物品和影像，希望能够借此找出"视觉的秘密"。

在大量的实验之后，休伯尔等人终于发现，当一个物体的边缘出现在小猫视线之内且这个边缘同时指向某个方位的时候，被监测的区域中的猫脑细胞神经元发生了明显变化。这就是说，生物视觉是由不同的脑体皮层神经元自主掌控的，不同的图像进入生物视线之后，相关的大脑神经元就会自主工作，并且将这些图像抽象为符号信息，向上传递。

这个发现很快被人工智能专家们所借用，他们将原来相对质朴的神经网络进行强化加深，随后形成了一个互相勾连，同时又包含多重神经网络皮层的模拟脑体。

在这个人工网络体系当中，犬牙交错的神经皮层可以模拟人脑思维和运转机制，对图像、声音等复杂元素进行整合处理。

这就是说，深度学习有一定的自主推算能力，这是它与早期人工智能最为直观化的区别。毋庸置疑，在深度学习理念被引入计算机科学中后，原本趋于停滞的人工智能研发热潮被再一次掀起，而各种能够识别复杂图像，进行高性能运算的电脑也如同雨后春笋般出现，这一点对于更高级别的智能机器人研发起到了不可忽视的作用。

此外，人们对人机界面技术的研究也推动了其他多种技术的研究，例如交互技术、远程操作技术、监控技术以及通信技术等。作为人机界面技术的组成部分，人机界面设备渐渐受到科技龙头企业的关注，并逐步成为这些企业的主要生产对象。

智能机器人的关键技术是进行智能机器人研究的基础，随着科研人员在智能技术方面的进一步发展，智能机器人将会变得更加智能，更加适应人类发展的需要。随着智能理论与关键技术的发展，智能机器人的发展趋势越来越清晰。

第四节 大数据与数据挖掘技术

一、大数据技术

大数据是一个比较抽象的概念，目前还没有一个统一的定义。举例来说，麦肯锡公司（McKinsey）在其名为《Big data:The next frontier for innovation, competition and productivity》的报告中指出，大数据是一组数据，其规模超过了传统数据库工具所能获得、存储、管理以及分析的能力。但是，该报告也指出，不要求数据必须大于某一TB，才能被视为大数据。这一定义，仅仅是为了突出大数据的"大"性，并没有给出一个准确的衡量标准，那就是什么是"大"。

国际数据公司（IDC）将大数据界定为"大数据"，即"大数据"通常包含两种或两种以上的数据。它能采集100TB以上的数据，是一种高速实时的数据流；

或是先从较少的数字做起，然后这个数字以每年超过60%的速度成长。该定义为数据的定量提供了依据，并突出了数据自身的特点，如数据的数量庞大、种类繁多、增长迅速等。

维基百科对"大数据"的界定是："大数据"是指通过软件工具获取、管理和处理的数据，需要花费更长的时间才能完成的。由于很难确定主要的软件工具和容忍度，因此，这一概念并不准确。

高德纳（Gartner）将大数据定义为"大数据"，即大数据是一种规模巨大、成长速度快、种类繁多、能够提供更强大决策、发现过程优化能力的信息资产。这一定义也是一种描述，它并没有很好地解释大数据的性质。

亚马逊（Amazon Association）的大数据专家约翰·劳瑟（John Rauser）对大数据下了一个简单的定义："大数据"就是一部电脑无法处理的所有数据。这一概念也过于笼统，没有深入地认识到大数据的本质。

（一）大数据的采集

对于大数据分析来说，获取大数据是重要的基础。数据采集，又称数据获取，处于大数据生命周期的第一个环节，它是通过RFID（Radio Frequency Identification，简称RFID）射频技术、传感器技术、社交网络、移动互联网等方式获取结构化、半结构化和非结构化的海量数据。由于可能存在成千上万的用户并发的访问和操作，因此，必须采用专门针对大数据的采集方法。

大数据采集是在确定用户目标的基础上，针对该范围内的海量数据的智能化识别、跟踪及采集的过程。实际应用中，大数据可能是部门内部的交易信息，比如联机交易数据和联机分析数据；也可能是源于各种网络和社交媒体的半结构化和非结构化数据，比如Web文本、手机呼叫详细记录、GPS和地理定位映射数据、通过管理文件传输协议传送的海量图像文件、评价数据等；还有源于各类传感器的海量数据，比如摄像头、可穿戴设备、智能家电、工业设备等收集的数据。面对如此复杂、海量的数据，制定适合大数据的采集策略或者方法是值得深入研究的。

传统的数据采集是由感应器或其他装置自动收集资料。该方法数据来源单一，数据结构简单，存储、管理和分析数据的数量也比较少，大多数情况下通过集中式的关系数据库或者并行数据库来进行处理。然而，在大数据环境下，由于数据来源广泛，类型复杂，数据量呈井喷式增加，用户的需求也在不断增加，因此，以分布式为基础的数据采集方式就显得尤为重要。

与传统的数据采集方法相比，以分布式数据库为基础的数据采集方法具有以下特征：

第一，数据快速存取：为确保数据可靠，分布式数据库常通过备份的方式进行容错，用户可以在多个备份服务器上同时存取数据，从而加快数据存取速度。

第二，可扩充性好：与集中式数据库相比，分布式数据库只需增加一个存储节点，就能达到线性增长的效果。

第三，高并发访问：因为分布式数据库使用多个主机构成了一个存储群集，因此，与集中式的数据库相比，它能够为用户提供更高的并发访问。

随着互联网技术的飞速发展，互联网中沉淀着大量以共享和开放形式存在的，能反映用户偏好倾向、事件趋势、浏览历史、购买历史的相关数据，对于这些数据的采集也是大数据分析的重要组成部分。对于这部分大数据的采集，通常采用网络爬虫或网站公开 API 等方式从网页中抽取数据，将其存储在统一的本地数据文件。同时，它也支持图片、音频、视频等文件或附件的非结构数据的采集。此外，随着移动互联网的兴起，移动终端也产生了大量的个性化信息，对于这类数据的采集，各种应用 App 是获取用户移动端数据的有效方法。

很多企事业单位内部产生了大量的数据并被存储于数据中心或数据集市中。如 ERP 系统产生的数据存储在 ERP 数据库中，在线交易平台产生的数据存储在交易数据库中。对于这类数据的采集，ETL 是整合数据的一个重要方式。

大数据采集面临的一个重要问题是，当多个用户一起访问时，其并发性高。以"12306"购票、淘宝等为例，其同时访问流量高达数百万次，因此，必须在采集端部署海量的数据库，而采集工具要处理的主要问题是如何平衡、分配数据库。

大数据的价值，并不是储存数据本身，而是如何对数据进行挖掘，只有拥有了足够多的数据，才能将数据背后的价值挖掘出来。所以，大数据的采集是一个十分重要的基础。面对这样的海量数据，在采集数据时，主要存在以下几个问题：

（1）数据的分布性：文档数据分布在数以百万计的不同服务器上，以没有预先定义的拓扑结构相连;(2)数据的不稳定性:系统会定期或不定期地添加和删除数据;(3)数据的无结构和冗余性:很多网络数据没有统一的结构,并存在着大量重复信息;(4)数据的错误性:数据可能是错误的或无效的。错误来源有录入错误、语法错误、OCR 错误等;(5)数据结构复杂:既有存储在关系数据库中的结构化数据,也有文档、系统日志、图形图像、语音、视频等非结构化数据。

以往,每次交易数据都是用传统的 MySQL 等的关系数据库来保存的,所以,能够用数据库来完成数据采集。随着大数据时代的到来,高速增长的数据给传统的关系数据库带来了巨大的挑战。传统的数据采集技术已不能适应大数据时代的需要,因此,如何在采集终端上部署大规模的数据采集库,同时确保数据库间的负载平衡是一个亟待解决的问题。

就大数据采集而言,大型互联网企业由于自身用户规模庞大,拥有稳定安全的数据资源。可以对自身用户产生的交易、社交搜索等数据进行充分挖掘,对于其他大数据公司和大数据研究机构而言,大数据采集常用方法包括系统日志采集、利用 ETL 工具采集以及互联网数据采集等。

1. 系统日志文件采集

系统日志文件采集是一种广泛使用的数据采集方法,日志文件是由数据源系统自动生成的记录文件,为了后续的分析,须以指定的文件格式记录活动。日志文件通常用于所有的计算机系统中。例如,web 服务器日志文件记录了 web 服务器接受处理请求以及运行错误等各种原始信息,以及 Meb 网站的外来访问信息,包括各页面的点击数、点击率、网站用户的访问量和 Web 用户的浏览记录等。

为获取用户在网站上的活动信息,web 服务器主要包括以下三种日志文件格式:公用日志文件格式、扩展日志格式和 IIS 日志格式。这三种类型的日志文件都是 ASCII 文本格式。除了文本文件外,数据库有时可能会被用来存储日志信息,从而提高海量日志存储的查询效率。还有基于数据采集的一些其他日志文件,包括金融应用中的股票指标以及网络监控和交通管理中的运行状态信息等。

对于系统日志文件采集,可以使用海量数据采集工具,如 Hadoop(分布式系统基础架构)的 Chukwa(Chukwa 是一个开源的用于监控大型分布式系统的数据收集系统)、Cloudera(一家计算机软件开发企业)的 Flume(Cloudera 提供的日志收集系统)以及 Apache kafka(开源消息系统项目)等大数据采集框架。这些工具均采用分布式架构,能满足大数据的日志数据采集和传输需求。

2. 利用 ETL 工具采集

在图书馆内部,管理和服务等业务流程中产生了大量的数据并被存储于数据中心或数据集市中。这些数据虽然都是由同一图书馆的内部业务所产生,但一般是由不同的系统产生并以不同的数据结构存储在不同的数据库中。如借还系统产生的数据存储在图书馆管理数据库中,考勤的数据存储在打卡数据库中。

另一方面,在图书馆的运作过程中,也有可能会牵扯到其他合作图书馆的数据,而这些数据是由不同的用户和图书馆内部的不同部门所提供的,它们的数据内容、数据格式和数据质量都存在着很大的差异,有时候还会出现数据格式不能转换,或者在转换数据格式之后出现信息丢失等难题,这对数据在各个部门和各个应用系统中的流通与共享造成了很大的障碍。所以,如何对这些信息进行有效的集成,就成了企业能否更好地使用这些信息资源的关键。

数据抽取(extract)、转换(transform)、加载(load)的过程就是 ETL。ETL 是对图书馆中不同格式、不同来源的数据,进行提取、净化、转换的一种方法。ETL 的目标是将分散的、零散的、没有统一标准的信息进行整理,以便在以后的工作中进行分析、处理和使用。

ETL 的任务是将分散的、异构的数据源中的数据,比如关系数据、平面数据文件等,抽取到临时中间层之后,再对它们进行清洗、转换、集成,最后将它们加载到数据仓库或数据商城中,变成可以进行在线分析处理,为数据挖掘提供决策支持的数据。

所谓的数据提取,其实就是数据收集,从数据来源中提取数据。因为在很多情况下,数据都是存储在数据库中,所以数据抽取就成了一个从数据库中抽取数据的过程。从数据库中抽取数据的方法通常有两种:全量抽取和增量抽取。

全量抽取指的是从数据库中直接抽取数据源中的全部数据,并将其转化为 ETL 工具能够识别的格式。全量抽取是从一个数据库中抽取出全部的数据,无需做其他繁杂的处理,所以抽取过程更加直观和简单。但在实际应用中,很少使用全量抽取,这主要是由于数据是实时增长的,全量抽取在每次抽取时都会重复抽取上一次已经抽取过的历史数据,这不仅会产生大量的冗余数据,还会降低抽取的效率。因此,增量抽取方法受到了越来越多的重视,并获得了越来越多的应用。

增量抽取指抽取自上次抽取以来数据库中要抽取的表中新增或修改的数据。在增量抽取中，如何有效地捕捉动态变化的数据是一个重要问题。一个好的捕捉方法应能在不给商业系统带来过多负担的情况下，以高精度获取数据库中已有的数据。在进行增量抽取时，通常采用日志比较、时间截取、触发器和全表比较等方法来捕捉变化的数据。

第一，记录对比：从数据库本身的记录中，找出哪些数据有了改变。比如，经常使用的甲骨文资料库。Oracle 数据库具有可变数据捕捉（CDC）的特点。CDC 可以帮助用户确定哪些数据在最后一次抽样后有了改变。通过 CDC，可以在源数据表上执行"Insert（插入）""update（更新）""delete（删除）"等操作，从而实现数据的抽取，并将修改后的数据保留到数据库中。这使得我们能够捕捉到改变后的数据，并将其通过数据库视图以一种可控制的方式提交到目标系统中。

第二，时间戳：添加时间戳，使得时间戳与时间戳数据一起进行修正。在数据提取过程中，将系统时间和时间戳区域进行对比，从而确定要提取的数据。如果一个资料库仅能自动更新时间标记，则当资料库中其他栏位的资料变更时，系统会自动更新该栏位的数值。一些数据库不能自动地更新时间戳，这就需要商业系统在对商业数据进行更新时，对时间戳字段进行手动的更新。时间标记方法的性能更好，数据提取也更清晰，但是在商业系统中，还需要添加更多的时间标记字段。此外，由于不能捕捉"delete"或"update"运算，从而限制了数据的精确度。

第三，触发器：在数据源表上建立触发器。针对数据源可以设置"Insert""update"或"delele"三个触发器，每次在源表出现改变时，就由对应的触发器把改变后的数据写到另一张临时表上，然后由提取线程提取，提取后的数据就会被标注或者删除。触发模式的优势在于：具有更高的数据提取效率；但其不足之处在于，它需要通过业务表来设置触发，对整个业务系统产生了一些影响。

第四，全表比对：常用的全表比对，比对方法是使用 MD5 校验代码。对于要抽取的表格，ETL 工具提前创建一个具有相似结构的 MD5 临时表格，并记录从全部字段的数据中计算出的源表格的主键和 MD5 校验码。在每次数据抽取时，通过将源表格与 MD5 临时表格对照，确定是否增加、修改或删除源表格中的数据，并由 MD5 对 MD5 校验码进行更新。MD5 模式的优势在于它不太容易被资源系统所占用（只需创建一个 MD5 临时表）。MD5 方法不像触发或时间标记那样，它被动地比较整个表格的数据，所以它的性能很差。如果一个表中不存在一个主关键字或者一个独特的列，并且包含了一个重复的记录，那么 MD5 方法的精确度就不高。

除了关系型数据库之外，ETL 还可以使用诸如 txt 文件、xml 文件等文件进行处理。在对文件数据的抽取过程中，通常情况下是展开全量抽取，在每次抽取之前，可将文件的时间戳保存下来，或计算文件的 MD5 校验码，在下次抽取时，与之进行比较，若两者相同，则可忽略本次抽取。

由于源数据往往不能满足目标数据库的需求，比如数据格式不一致，数据输入错误，数据不完整等等，所以需要对数据进行转化处理。本书提出了一种基于关系型数据库的数据提取方法，和对数据进行转换与处理的方法。

在 ETL 引擎中，数据的转换通常是通过组件来实现的。数据变换中最常见的部分是字段映射、数据过滤、数据清洗、数据替换、数据计算、数据验证、数据加解密、数据合并、数据拆分等。这些构件就像流水线中的一道又一道工序，具有可插入、可随意组合的特点，各个构件间的信息通过数据总线实现了数据的共享。

在 ETL 流程中，把经过转换和处理的资料载入目的类库，是最后一步。最好的载入方式是根据要进行的作业种类和要载入的资料数量而定。

在大数据项目建设过程中，数据采集是最关键的环节。利用 ETL 工具采集的数据源对象包括图书馆的自有数据。这里隐含的一个问题是，除了本馆的自有数据以外，还应该采集哪些相关的外部数据。因此，实际的数据采集还涉及如下的问题：

第一，在系统初始上线前，将既有数据导入新系统中，通常是不可或缺的步骤。如果数据是在图书馆自有系统中，则需要从既有自营系统中将数据导出并输入到新系统中。

第二，在实务操作中，往往还有一类既有数据，它是以历史文档的形式保存，甚至是以纸质（非电子存储）的方式存放在图书馆里。这类数据往往也是需要数据导入的范围。特别是对于非电子存储的数据，意味着首先需要数字化，然后进行数据导入。

第三，ETL 是在数据库层进行数据交换的一个工具。这意味着，需要对数据源的数据字典、数据组织与表结构有清晰的了解，否则极易出现数据获取不完整的情况。

第四，传统意义上，ETL 的流程是先抽取（从原始数据库中提取出数据）、再转换（转换成目标数据库的格式）、最后加载（将转换好的数据导入目标数据库）。在大数据场景下，出于对数据加载效率的考虑，一般将顺序更改为 ELT，即先抽取、再加载、最后转换，这样做的好处在于先将原始数据库的数据最大范围地导入当前数据库中。

第五，ETL 只是众多数据交换方式中的一种，非常适合于大批量的数据导入导出的场景（比如系统上线伊始）。事实上，还有一种利用 API 接口方式进行数据交换，即由原系统提供类似功能、新开发系统按照接口标准进行数据采集和交换的方法。在实际应用中，API 接口方式非常适合于本馆与外馆进行数据交换的场合，这种数据交换往往是建立在一定的数据共享的基础上，双方达成数据交换的意向，数据源出于对数据库访问安全的控制，往往不会倾向于在数据库层进行 ETL，而 API 接口方式则是一种非常好的补充。

实际上，任何一个新开发的大数据系统平台，本身都应该兼具一个隐含功能——即将本系统的数据以服务的形式提供给第三方。也就是说，在进行新系统研发的过程中，系统设计者应该有意识地设计与实现面向第三方数据访问的 API 接口方式，允许第三方获得当前系统的数据。

3. 互联网数据采集

随着互联网、物联网、云计算等技术的迅速发展，现代信息社会步入了大数据时代。网络自媒体和社交网络等新型行业的兴起及飞速的发展，在极大地改变人们的生活、交流方式的同时，也产生了大量的网络数据，如浏览数据、博文图片信息、地理位置信息等。2015 年，全国两会期间，李克强总理在政府工作报告中提出了"互联网+"行动计划，[1] 这不仅加快了互联网与传统行业的融合，同时

---

[1] 中国政府网．"互联网+"行动计划实施这一年：拉动中国经济发展新引擎[EB/OL]．（2016-02-03）[2023-04-29]．https://www.gov.cn/zhengce/2016/02/03/content_5038731.htm．

也进一步丰富了大数据的来源。互联网数据已经成为大数据的一个重要来源。

互联网大数据通常是指"人、机、物"三元世界在网络空间中交互与融合所产生的大数据。互联网大数据不仅数据量大，而且具有一些其他数据源所不具备的特性。

第一，多源异构性：互联网大数据通常由不同的用户、不同的网站所产生，数据形式也呈现出复杂的非结构化形式，如语音、视频、图片、文本等。

第二，交互性：不同于测量和传感器获取的大规模科学数据（如气象数据、卫星遥感等数据），微博、微信、Facebook、Twiter（推特）等社交网络的兴起导致大量互联网数据具有很强的交互性。

第三，时效性：在互联网和移动互联网平台上，每时每刻都有大量的新数据发布，互联网大数据内容不断发生变化，使得信息传播具有时序相关性。

第四，社会性：网络用户不仅可以根据需要发布信息，也可以根据自己的喜好回复或转发。互联网大数据直接反映了社会状态。

第五，突发性：有些信息在传播过程中会在短时间内引起大量新的网络数据产生，并使相关的网络用户形成网络群体，体现出网络大数据及网络群体的突发特性。

第六，高噪声：互联网大数据来自众多不同的网络用户，具有很高的噪声和不确定性。

总之，互联网大数据多以非结构化的形式存储在互联网中，包括 web 网页、电子邮件、文本文档和实时社交媒体数据。互联网大数据蕴藏着巨大的价值，将其应用到图书馆管理中可以有效地帮助图书馆管理者通过信息作出比较准确的判断，以便采取适当的行动。例如，通过对读者的借阅记录进行分析，挖掘用户的阅读偏好为读者推荐新书；在社交网络领域，分析读者的博文信息和转发信息，挖掘读者的行为偏好，从而为读者提供目标文献资源等。互联网大数据本身具有的特点决定了其本身隐藏的与众不同的价值，对互联网大数据进行有效的收集以及充分挖掘将成为许多行业扩展业务的突破点。

对互联网大数据的收集，通常是通过网络爬虫技术进行的。网络爬虫也叫网页蜘蛛，是一种"自动化浏览网络"的程序，或者说是一种网络机器人。通俗地说，网络爬虫从指定的链接入口，按照某种策略从互联网中自动获取有用信息。

目前，网络爬虫广泛应用于互联网搜索引擎或其他类似网站中，以获取或更新这些网站的网页内容和检索方式。它们可以自动采集能够访问到的所有页面内容，以供搜索引擎做进一步处理（分拣、整理、索引下载到的页面），使得用户能更快地检索到需要的信息。

从网络爬虫的定义可知，网络爬虫开始于一张被称作种子的统一资源地址列表（也称URL池或UBL队列），将其作为抓取的链接入口。当网络爬虫访问这些网页时，识别出页面上所有的所需网页链接，并将它们加入"待爬队列"中。此后从"待爬队列"中取出网页链接按照一套策略循环访问，这样一直循环，直到"待爬队列"为空时爬虫程序停止运行。

一个通用的爬虫框架流程，由种子URL队列、待抓取URL队列、已抓取URL队列、下载网页库等构成。首先指定入口URL，将其加入种子URL队列中；然后将种子URL加入待抓取URL队列中并从待抓取URL队列依次读取URL，从互联网中下载URL所链接的网页；接着将网页的URL保存到已抓取URL队列中，将网页信息保存到下载网页库中，从网页中抽取出需要抓取的新URL并加入待抓取URL队列中；最后重复这个过程，直到待抓取URL队列为空。

按照系统结构和实现技术，互联网爬虫可以分为通用网络爬虫、聚焦网络爬虫、增量式网络爬虫和分布式网络爬虫。

（1）通用网络爬虫

通用网络爬虫，也叫全局爬虫，主要负责搜索引擎的后台数据收集工作。这些爬虫的目标是搜索到最大的区域，它们会"照单全收"地将所有的链接都搜索到自己想要的地方，然后将所有的信息都搜索出来。这种类型的网络爬虫有很大的爬行范围和大量的爬行，它对爬行速度和存储空间有很高的要求，但是它对爬页的次序的要求比较少，而且因为要刷新的页面过多，所以它一般都会使用平行的工作模式，但是要刷新一次，所花费的时间会比较长。尽管有一些不足之处，但通用网络爬行器适合搜寻范围广的议题，具有很强的实用价值。通用网络爬虫通常采用一些爬虫策略，以提高工作效率。常见的爬虫策略包括：深度优先、宽度优先。

（2）聚焦网络爬虫

聚焦网络爬虫，也被称为话题爬虫，它是有选择地对特定话题进行搜索。与通用网络爬虫比较起来，聚焦爬虫只需要对与主题有关的页面进行爬行，这大大节约了硬件和网络资源，而且因为数量少，所以保存的页面更新速度快，而且能够很好地满足某些特定群体对特定领域信息的需求。与通用网络爬虫比较，聚焦网络爬虫新增了链接评估模块和内容评估模块，提出了一种基于内容评估、基于链接结构评估、基于增强学习、基于上下文图谱的爬行策略。

（3）增量式网络爬虫

增量式网络爬虫指的是对已下载网页采取增量式更新，并只爬行新产生的或者已经发生变化的网页，它可以在一定程度上保证所爬行的页面是尽可能新的页面。

与周期性爬行和刷新网页的网络爬虫不同，增量爬虫只在需要的时候对新生成的或发生更新的网页进行爬行，而不会对未发生改变的网页进行重新下载，因此可以有效地降低数据下载量。尽管该方法可以对所爬取的页面进行实时更新，减少了时空开销，但却使该方法变得更加复杂，实现起来也更加困难。递增爬行的目的是让本地网页中心的网页保持为最新，并改善网页的品质。该方法采用了宽度优先、页面排名优先等多种方法。

（4）分布式网络爬虫

根据上述介绍，不同的网络爬虫方法，由于网页数量的增加以及网页中数据更新会直接影响到网络爬虫的计算复杂度和网络数据抓取效率。

因此，在大数据应用场景下，使用分布式计算技术，将网络数据抓取并行化，已经成为一个必然的趋势。所谓分布式网络数据爬虫，就是通过多个单机爬虫系统的有效协作和配合，实现互联网大数据的数据抓取。显然，分布式网络数据爬虫至少涉及网络爬虫本身和分布式计算相关技术。总之，大数据时代互联网数据的采集是进行大数据分析和处理的前提，采集的数据类型和质量对后续大数据的价值至关重要。网络大数据通常采用网络爬虫采集，因此开发网络爬虫来采集网络大数据显得尤为重要。

数据预处理是大数据处理的一个关键环节，只有提供干净、准确、简洁的数据，才能从数据中挖掘出大量的知识。但在现实生活中，获取的数据往往具有不完整、冗余、模糊等特点，难以直接满足数据挖掘算法的需求。同时，大量的数据中存在大量的非语义元素，这些元素不仅会极大地降低算法的运行效率，而且还会产生大量的噪音。所以，对数据进行预处理就成了大数据处理的核心问题。

采集到的原始数据通常存在的问题如下：

第一，杂乱性：原始数据来自不同的真实应用系统（不同的数据库，不同的文件系统），因为不同的应用系统之间的数据没有一个统一的标准和定义，而且数据的结构也不一样，所以不同系统之间的数据会有很大的不一致性，经常无法直接利用。

第二，重复性：在数据库中，对同一目标对象，有两种或更多的精确的实体描述。由于在实际应用过程中出现了许多问题，导致了大量的数据重复、信息冗余等问题。

第三，不完整性：在实际的系统设计中，因为某些原因，导致了数据的缺失，或者是导致了数据的不完整。在实际应用中，模糊信息的数量较多，且某些参数的设定是随机性的。

（二）大数据的存储与迁移

1. 数据存储

存储涉及存储介质问题，目前在图书馆数字化建设中，以磁盘阵列、网络存储、云存储为主，能够提供一定的冗余，使整个系统在保证性能的同时具有较高的可靠性。

数据存储主要有以下几种类型：

（1）RAID（Redundant Array of Inexpensive Disks，磁盘阵列）表示包括多个盘组成的备用阵列。这是一种将磁盘阵列和数据分块技术结合起来的体系结构。就是把几块硬盘合在一起，通过智能控制器进行统一的控制和管理。完成RAID之后，操作系统端显示出单独的高容量磁盘，而这个高容量磁盘又可以被划分到各个区域中。它把数据分段存储于不同磁盘上，当存取数据后阵列内有关磁盘共同作用，既缩短了数据存取时间又具有较好的空间利用率。RAID技术一般分为六个级别：RAID0、1、2、3、4、5及RAID0+1,数字图书馆存储一般只用到RAID0、1、5这三种。

RAID0是一种将数据按一定尺寸、次序写入阵列中的方法。RAID0能实现对数据的读取和写入，能最大限度地发挥总线带宽的优势。从理论上来说，一套由N块磁盘构成的RAID0系统，其读写能力可以提高N倍，并且具有最高的存储利用率（100%）。RAID0 协议存在着一个很大的缺陷：它没有对数据进行冗余保护，而且如果数据被破坏了，就不能进行修复。RAID0 应用于对读取性能要求较高但所存储的数据为非重要数据的情况下，在数字图书馆中我们一般将其应用在备份数据的存放中。

RAID1 被称作磁盘镜像，它将数据分别写到工作磁盘和镜像磁盘，所以它的磁盘空间利用率为 50%，在数据写入时会受时间影响，但是在读的时候没有任何影响。RAID1 提供了最好的数据保护，一旦工作磁盘出现故障，系统会自动从镜像磁盘读取数据，不会对用户的工作造成干扰。RAID1 是一种非常注重数据保护的应用，在数字图书馆中，我们通常将它作为一个服务器操作系统和一个馆藏数据库使用。

RAID5 在 RAID0 与 RAID1 之间可理解为折中方案。RAID5 能够对系统的数据安全进行保证，但是其保证程度低于 RAID1，磁盘空间利用率高于 RAID1。RAID5 拥有与 RAID0 类似的数据读取速度，仅多出一条奇偶校验信息，写数据速度略慢于针对个别磁盘的写操作。同时因为多条数据对应着一条奇偶校验信息，所以 RAID5 磁盘空间利用率高于 RAID1，存储成本也比较低。由于 RAID5 阵列磁盘中既包含了数据又包含了数据校验信息，所以数据块以及相应校验信息都将被保存在不同磁盘中，一旦某个数据盘被破坏，该系统能够基于相同带区内的其他数据块以及相应校验信息对受损数据进行重构，但是此时阵列性能也将受到影响。在数字图书馆中 RAID5 更多地用于读操作，如保存数字图书和数字期刊数据库。

（2）网络存储

在网络存储方面，以前的存储方式是将存储装置（一般为磁盘）与应用服务器和其他硬件直接安装在相同的机壳中，而且这个存储装置是专属于自己的应用服务器的。由于服务器数目的增加，磁碟的数目也随之增加，而且磁碟分布于各服务器之间，要想了解每个磁碟的运作情况，就必须前往各服务器进行检视。替换磁盘还要求将服务器拆卸下来，从而使程序中断。因此，人们产生把硬盘从服务器上分离开来，集中起来进行管理的要求。

① DAS（Direct Attached Storage，直连式存储）是指利用 SCSI 电缆或光纤信道，把存储器装置与服务器直接相连。一个 SCSI 回路，也就是所谓的 SCSI 信道，可以装载多达 16 个装置，而 FC 则可以用仲裁环来支持 126 个装置。DAS

方式实现了机内存储到存储子系统的跨越。然而，它也有很多的缺点，比如扩展性差，服务器与存储设备直接连接的方式，会导致当新的应用需求出现时，需要为新增的服务器单独配置存储设备，这样会造成重复投资；资源利用率低，DAS方式的存储从长远来看，存储空间不能被充分利用，存在浪费；不同的应用服务器所面临的数据容量并不相同，而业务的发展状态又会导致数据容量的改变。这样，就会产生这样的问题：有些应用程序所对应的内存不足，而有些则有大量的内存空闲；管理能力较弱，DAS 模式下的数据还比较零散，每一个应用都有自己的存储装置。它们的管理是分散的，不能统一。所以，在数字图书馆的建设过程中，应该尽可能地逐步取消 DAS 系统。

② NAS（Network Attached Storage，网络附加存储）是一种文件共享服务。网络辅助存储器（NAS）是一种文件分享业务。NAS 是一种以文件为基础的存储结构，NAS 以数据为中心，在它的存储结构中，存储系统不再通过 I/O 总线隶属于某个特定的服务器或客户端，而是直接与网络连接，用户可以通过网络来访问 NAS 上的信息资源。与传统的以服务器为中心的存储方式不同，由于不需要从服务器存储器中进行传输，而是在客户端与存储设备之间进行传输，服务器只负责控制和管理，因此，其响应速度和数据带宽都得到了极大的提高。此外，还可以减少对服务器的需求，从而大幅度地降低了服务器的费用，促进了高性能存储系统的广泛应用。NAS 的不足之处在于：第一，NAS 终端和客户端之间是通过企业网相连的，所以在数据备份和存储时，会对网络带宽造成很大的影响。第二，这将不可避免地对企业内联网中的其他网络应用产生影响。共享网的带宽是制约NAS 性能的一个重要因素。添加另一个 NAS 装置是很简单的，但由于 NAS 装置一般都有唯一的网络识别码，所以很难将两个 NAS 装置的存储空间无缝地衔接在一起。第三，NAS 的存取必须通过文件系统的格式转换才能进行，因此，它的存取是在文件级别的。对于块级别的应用，特别是对于需要裸机的数据库系统来说，是不合适的。

③ SAN（Storage Aera Network，存储区域网络）是将存储装置与应用程序服务器以网络形式进行连接的一种存储架构，该网络专门用于在主机与存储装置之间进行存取。在需要访问数据的情况下，可以在服务器与后端储存装置间透过储存区网络进行高速传送。

SAN 传送的是数据块，因此它适用于大数据量传输和实时数据处理，利用硬件提供缓冲并保证传输质量，而这是 TCP/P 所不能做到的。SAN 模式具有易整合、易扩充的特点，可以提高数据的可用性和网络的性能。SAN 的存储器解决方案是将数据传输与存储从服务器中分离出来，从而提高了服务器的吞吐量；该方法不仅可以有效地改善网络存储系统的可靠性，而且还可以有效地保证系统的容错和数据的安全；在 SAN 上可以实现数据的备份与恢复，且不占用网络带宽，从而缓解了网络传输中的拥塞问题。尽管 SAN 是一种非常不错的存储器，但是它的操作复杂，成本高，不适合大规模的使用。

通常人们认为 SAN 与 NAS 是两种相互竞争的技术，但事实上，这两种技术可以互补，从而实现对不同类型数据的接入。在数字图书馆的建设过程中，SAN 主要应用于大容量的块状数据传送，NAS 主要应用于文档级别的数据存取与共享。虽然两者的技术看起来很像，但从某种程度上来说，NAS 也就是一个文档服务而已。NAS 与 SAN 既有各自的应用场景，又相互融合，很多 SAN 都被部署在 NAS 的后台，为 NAS 的终端提供了高效的海量存储。

（3）云存储是一种在线联机存储，它将数据存储在多个虚拟服务器上，而不是一个单独的服务器上。托管公司经营着大型的数据中心，而那些想要服务的人，往往会从他们那里购买或者租用存储空间。按照用户的要求，数据中心运营商在后端准备了存储虚拟化的资源，并将其以存储资源池（Storage Pool）的形式提供给用户，用户就可以利用该存储资源池来存储文件或对象。在现实生活中，这些资源可以分散到许多服务器上。云存储可以通过 Web 服务应用程序接口（API），也可以通过 Web 化的用户界面来获得。

当我们使用一个单独的存储设备时，我们必须清楚这个存储设备是什么型号，什么接口和传输协议，必须清楚存储系统中有多少块磁盘，分别是什么型号、多大容量，必须清楚存储设备和服务器之间采用什么样的连接线缆。在此基础上，构建数据备份与灾难恢复机制，以确保数据的安全性与业务的连续性。

此外，还需要对存储器进行定期的状态监测、维护，以及软硬件的更新与升级。

如果使用云存储的话，用户就不需要以上所说的任何东西了。云存储中的设备对用户是完全透明的，任意位置的用户只要一条电缆就能直接接入到云存储，从而获得用户的数据。

云存储是未来存储技术的发展方向之一。但是，在云存储技术的发展过程中，各种搜索、应用技术与云存储结合起来的应用，在安全性、便携性和数据存取等方面还需要进一步的完善。

第一，安全性。自从云计算出现以来，安全就成了图书馆在使用云计算时最需要关注的问题。与之类似，在云存储中，安全依然是第一位的，对于想要使用云存储的客户，安全往往是首要的技术考虑。然而，很多用户在使用云存储时，会有更高的安全性需求。由于安全性需求的不断提高，很多大型的可信赖的云计算提供商仍在为建立一个高级数据中心而苦苦挣扎。用户发现，云存储的安全脆弱性较低，安全链路较多，能够为用户提供高于其自身数据中心的安全级别，因此，云存储能够为用户提供更高级别的安全保障。

第二，便携性。目前可以保障数据的可携带性，同时也便于管理存储，因为有些大的服务供应商已经提出了可以和传统的本地存储相媲美的可移动数据解决方案。一些云存储具有可移动性，能够将完整的数据传输到用户选择的任意媒体上，甚至传输到专用的存储装置上。

第三，性能和可用性。在过去，远端存储有很长的延迟问题。同样，因特网自身的特点也对服务的可用性构成了极大的威胁。新一代的云存储技术取得了开创性的成果，其特点是通过对用户或本地终端进行缓存，将常用数据保存在本地，可有效降低网络延迟。有了本地缓存，这类装置就能在面对最糟糕的网络故障时，减轻延迟问题。这种装置也能使频繁使用的数据响应迅速，就像在本地储存一样。云存储利用本地的 NAS 网关，可以模拟 NAS 终端的可用性、性能和能见度。在云存储领域，各个运营商都在致力于提高网络容量，提高网络性能，提高网络性能。

第四，数据访问。人们也担心云存储在处理海量数据时，能否为用户提供充分的访问能力。在将来的科技水平上，这一点是完全不用担心的，因为现在的厂商都能把海量的资料透过各种媒体，直接传到公司，而且速度相当于复制粘贴。此外，云存储供应商也可以通过一系列操作，模拟一个完整的本地系统，使 NAS 网关在不需要重新安装的情况下仍能正常工作。将来，如果大的供应商能建立更多的区域基础设施，他们的数据传送就会更快。这样的话，就算是用户在本地的数据丢失了，云存储提供商也能在短时间内，迅速地将这些数据转移到用户的数据中心。

2. 数据迁移

数据迁移（Hierarchical Storage Management，HSM）又称分级存储管理，是一种将离线存储与在线存储融合的技术。它将高速、高容量的非在线存储设备作为磁盘设备的下一级设备，然后将磁盘中常用的数据按指定的策略自动迁移到磁带库（简称带库）等二级大容量存储设备上。当需要使用这些数据时，分级存储系统会自动将这些数据从下一级存储设备调回到上一级磁盘上。对于用户来说，数据迁移操作完全是透明的，只是在访问磁盘的速度上较慢，而在逻辑磁盘的容量明显提高了。

数据迁移是将很少使用或不用的文件移到辅助存储系统（如磁带或光盘）的存档过程。这些文件通常是在未来任何时间可随便访问的图像文档或历史信息。迁移工作与备份策略相结合，并且要定期备份。

数据迁移的实现可以分为三个阶段，包括数据迁移前的准备、数据迁移的实施和数据迁移后的校验。由于数据迁移的特点，大量的工作都需要在准备阶段完成，充分而周到的准备工作是完成数据迁移的基础。具体而言，要进行待迁移数据源的详细说明（包括数据的存储方式、数据量、数据的时间跨度）；建立新旧系统数据库的数据字典；对旧系统的历史数据进行质量分析，新旧系统数据结构的差异分析；新旧系统代码数据的差异分析；建立新旧系统数据库表的映射关系，对无法映射字段的处理方法；开发、部署 ETL 工具，编写数据转换的测试计划和校验程序；制定数据转换的应急措施。

其中，数据迁移的实施是实现数据迁移的三个阶段中最重要的环节。它要求制定数据转换的详细实施步骤（包括准备数据迁移环境、业务准备、对数据迁移涉及的技术进行测试）后，才可实施数据迁移。

数据迁移后的校验是对迁移工作的检查，数据校验的结果是判断新系统能否正式启用的重要依据。可以通过质量检查工具或编写检查程序进行数据校验，通过试运行新系统的功能模块，特别是查询、报表功能，检查数据的准确性。

信息系统数据随着业务的发展变得越来越庞大，尤其是在目前大数据应用高速发展的情况下，数据迁移已成为大数据分析的重要内容。根据业务类别、数据量大小及系统构架的不同，数据迁移的难易程度和所采用的迁移技术也不同，数据迁移的技术一般包括基于主机的迁移方式、基于存储的数据迁移、基于主机逻辑卷的迁移等。

第一，基于主机的迁移方式主要包括直接拷贝方法和逻辑卷数据镜像技术。

直接拷贝方法。利用操作系统命令直接拷贝，一般可以使用 cp、dd、tar 等命令。在 Windows 系统，一般使用图形界面工具或 copy 命令。此方法简单灵活，可以方便地决定哪些数据需要迁移，但其缺点也很明显，由于从主机端发起，对主机的负载压力和应用的冲击较大。

逻辑卷数据镜像技术。对于已经采用逻辑卷管理器的服务器操作系统，可以直接利用逻辑卷管理器的管理功能完成原有数据到新存储的迁移。此方法支持任意存储系统之间的迁移，且成功率较高，支持联机迁移。但在镜像同步的时候，仍会对主机造成一定影响，因此，此方法适合主机存储的非经常性迁移。

第二，基于存储的数据迁移，主要分为同构存储和异构存储的数据迁移。同构存储的数据迁移是利用其自身复制技术，实现磁盘复制。同构存储的复制技术又分为同步复制和异步复制：同步复制是主机 I/O 须写入主存储和从存储后才可继续下一个 I/O 写入；异步复制为主机的 I/O 写入主存储后便可继续写入操作而无须等待 I/O 写入从存储。异构存储的数据迁移是通过存储自身的虚拟化管理技术，实现对不同品牌存储的统一管理及内部复制，从而实现数据迁移。基于存储的数据迁移主要应用于机房相隔距离较远、海量数据、关键业务不能长时间中断等情景，如机房搬迁、存储更换、数据灾难备份建设等方面。目前，电信、金融等企业容灾中心大都使用此技术。基于存储的数据迁移，其优点是能够在非常短的时间内实现数据的迁移与业务的恢复，缩短对业务的影响时间，尤其适用于数据仓储等大数据的数据迁移。

第三，基于主机逻辑卷的数据迁移。Unix 操作系统、Linux 操作系统具有稳定性好、不易感染病毒等优点，通常作为数据库服务器操作系统使用，且一般均使用逻辑卷管理磁盘。主机的逻辑卷管理使卷组（VG）的信息保存于磁盘，只要操作系统平台一致，其卷组信息在新主机上能够识别，即可对卷组直接挂载使用，实现更换主机。基于主机的逻辑卷镜像数据迁移主要是为既有逻辑卷添加一个物理卷（PV）映射，通过数据的初始化同步使新加入的 PV 与既有 PV 数据完全一致，再删除位于原存储上的 PV，实现不同存储之间数据的迁移。逻辑卷的数据迁移一般适用于存储、主机更换等情景。使用基于主机逻辑卷的数据迁移的优点如下：使用逻辑卷迁移时，影响较小；不需要任何费用；步骤简单、容易操作且速度较快；支持任意品牌存储之间的数据迁移。但是，使用基于主机逻辑卷进行数据迁移时，逻辑卷镜像同步时会消耗主机资源，所以尽可能在业务不繁忙时操作；另外基于主机逻辑卷的数据迁移一般不用于远距离数据迁移及特大数据量迁移，通常用于同机房基于存储区域网络（SAN）数据的迁移。

二、大数据挖掘技术

（一）大数据挖掘的定义和特点

1. 大数据挖掘的定义

要理解大数据挖掘，首先要搞清楚数据挖掘的含义。数据挖掘（Data Mining，DM）又称数据库中的知识发现（Knowledge Discover in Database，KDD），是涉及机器学习、人工智能、数据库理论以及统计学等学科的交叉研究领域。

数据挖掘就是从数据库的大量数据中挖掘出有用的信息，即从大量的、不完全的、有噪声的、模糊的、随机的实际应用数据中，发现隐含的、规律性的、人们事先未知的，但又是潜在有用的并且最终可理解的信息和知识的非平凡过程。

数据挖掘所探索的知识范畴涵盖了模型、规则、模式、约束等多个方面，这些都是事先已知的信息。而所谓未知的信息，是指该信息具有独特的创新性，超越了人们的预期。人们往往在不知道信息的情况下作出决策，这种决策往往与直觉有关。数据挖掘的目的在于找寻那些超越直觉，甚至违背直觉的信息或知识，这是因为那些超出预期的信息往往具有更高的价值。从潜在有用性的角度对数据挖掘技术进行探讨，即所发现的知识或信息具有潜在的实用价值，可以为所要研究的领域提供有效的支持和帮助。

通常情况下，那些基于常识性的结论、已被广泛掌握的事实或无法实现的假设，都缺乏实际意义。为了满足最终可理解性的要求，人们需要发现一种模式，该模式应该简洁明了，即所发现的知识应该具有可接受性、可理解性和可应用性，最好使用自然语言来表达所发现的成果。

在数据挖掘的过程中，我们常常会遇到一些不寻常的情况，这些情况往往是非线性的，需要进行反复和循环的操作，因此所挖掘的知识往往难以通过简单的分析来获得，这些知识可能隐藏在表面现象的内部，需要进行大量的数据比较和分析，甚至需要使用一些专门处理大数据量的数据挖掘工具。

数据挖掘实际上是高度自动化的决策支持过程，它利用人工智能、机器学习、模式识别、统计学、数据库和可视化技术等技术，对企业数据进行深入分析，并进行归纳性推理，从而挖掘潜在的模式，为决策者调整市场策略、减少运营风险和作出正确决策提供有力支持。

数据挖掘的流程包括数据的预处理、规律的探索以及规律的呈现，这三个步骤共同构成了数据挖掘的核心。数据挖掘的目的在于发现事物之间隐含着的关系或模式。为了进行数据挖掘，我们需要从相关的数据源中筛选出所需的数据，并将其整合成一个数据集，以便进行后续的数据准备工作；寻找数据集中的规律是运用特定技术手段，以发现其中的规律为目的的过程；规律表示则是根据已有的规则对其进一步挖掘，得到新的规律。将发现的规律以易于理解的方式（如可视化）尽可能地呈现出来，以使用户能够更好地理解。鉴于大数据的复杂性、高维性和多变性，我们需要借助更深入的机器学习理论，以指导我们如何从真实、混乱、无模式和复杂的数据中挖掘出人类感兴趣的知识。

目前，包含大规模数据的机器学习问题是普遍存在的，但是由于现有的许多机器学习算法是基于内存的，而大数据是无法装载到计算机内存的，因此现有的诸多算法不能直接处理大数据，如何提出新的机器学习算法以适应大数据处理的需求，是大数据时代的研究热点方向之一。

大数据环境下，数据挖掘的对象（即数据）有了新的特征，因此大数据挖掘将被赋予新的含义，也产生了新的挖掘算法和模型。大数据挖掘是指从大数据集中寻找其规律的技术。这个概念将大数据挖掘对象强调为"大数据集"，而在大数据集中，"寻找"变得更具有挑战性，因为大数据具有数据体量巨大、处理速度快、数据类别丰富、高价值、低密度等特点，挖掘起来自然更加不容易。

数据挖掘技术就是与大数据相对应的新技术。图书馆不仅保存着大量的知识资源，而且还保存着用户的身份信息、借阅记录等结构化信息，以及用户的行为痕迹、检索方式、存储行为等半结构化、非结构化信息，这类信息（数据）其实都是静态的，需要人们运用数据挖掘技术对它们进行动态串联，才能使它们的价值得到最大发挥。本书认为，将数据挖掘技术应用至智慧图书馆建设过程，至少会取得三方面的成功。

第一，将信息推送给用户以提供个性化的服务。智慧图书馆在开展服务过程中，应尽可能地满足用户个性化需求，具体包含两方面：向用户本人推送；针对同一喜好用户群进行推送。在进入智慧图书馆之前，用户需要使用个人信息注册图书馆账号，以便接收服务，在这个过程中，用户的学历、性别、年龄、检索历史、借阅情况等结构化、半结构化以及非结构化的信息，都将记录在图书馆服务器中。此时，图书馆系统会利用数据挖掘技术来分析判断用户喜好，当有符合用户喜好的书目上新或归还后，该系统就会自动将信息推送给用户，以引起用户的关注。对同一喜好用户群进行数据挖掘与分析，则能帮助图书馆为这一人群推荐合适的书目，将"一人独占"转化为"群体共享"，便于用户之间展开交流或相互推荐优秀图书。另外，该系统还能针对新注册用户，依据其注册后所给出的年龄、职业和性别信息等作出预判，并将相关图书直接推送出去，这有利于节约用户的检索时间和精力。

第二，提供"组合阅读"的功能。在数据挖掘技术的帮助下，可以计算出不同图书间微小却又紧密的联系，方便图书馆对图书重新分类排架，使图书具有"1+1＞2"的组合功能。比如，将烹饪类的图书与养生方面的书籍搭配上架，效果会更好。

第三，运用数据挖掘技术，可以把图书馆各种结构化、半结构化和非结构化的资源归并到一起加以分析，图书馆之间还可以充分交流信息，所以在用户行为、知识发展趋势、用户群变化和图书馆发展的预测方面，数据挖掘技术均有显著优越性。

2. 大数据挖掘的特点

大数据的"5V"特点决定了大数据挖掘技术有了新的内涵。大数据挖掘技术包括：高性能计算支持的分布式并行数据挖掘技术；面向多源、不完整数据的不确定数据挖掘技术；面向非结构化稀疏性的超高维数据挖掘技术；商业价值高但价值密度低的特异群组挖掘技术，以及面向动态数据的实时增量数据挖掘技术等。具体而言，包括如下特点。

（1）"Volume"与分布式并行数据挖掘算法研究。大数据的"大"通常指PB级以上的，这一特点决定了大数据挖掘需要高性能计算支持的分布式并行技术。考虑到大规模数据的分布式、并行处理，对数据挖掘技术带来的挑战是I/O交换、数据移动的代价高，还需要在不同站点间分析数据挖掘模型间的关系。

（2）"Velocity"与实时增量数据挖掘算法研究。大数据时代的数据爆炸性增长，并且动态演变，这就要求数据处理的速度一定要快。时序数据挖掘是数据挖掘领域的一个研究主题，很多领域对数据挖掘的速度有更高的要求。

（3）"Variety"与不确定数据挖掘算法研究。由于数据获取设备和方式不同，挖掘的数据对象常常具有不确定、不完整的特点，这要求大数据挖掘技术能够处理不确定、不完整的数据集。由于大数据获取过程中数据缺失、含有噪声难以避免，数据填充、补齐是困难的，因此大数据挖掘技术要有更强的处理不确定、不完整数据集的能力。

（4）"Variety"与非结构化、超高维、稀疏数据挖掘算法研究。大数据环境下，来自网络文本（用户评论文本数据）、图像、视频的数据挖掘应用更加广泛，非结构化数据给数据挖掘技术带来了新的要求。特征提取是非结构化数据挖掘的重要步骤，大数据挖掘算法设计要考虑超高维特征和稀疏性。

（5）"Variety"与基于语义的异构数据挖掘算法研究。大数据的组织结构包括结构化、非结构化和半结构化，这种多变的形式使得大数据更多地以数据网络的形式组织。大数据下的数据网络结点类型多样，路径表达有多种语义。理解语义、体现语义是相似性定义和计算的重要需求，是提升数据挖掘质量的关键因素。

（6）"Value"与聚类、非平衡分类异常挖掘算法研究。大数据环境下产生了新的数据挖掘任务，如特异群组分析。特异群组是一类低密度、高价值的数据，它是指在众多行为对象中，少数对象群体具有一定数量的相同（或相似）行为模式，表现出相异于大多数对象而形成异常的群组。特异群组挖掘问题既不是异常点挖掘（只发现孤立点），也不是聚类问题（将大部分数据分组）。

（二）大数据挖掘的相关方法

在大数据环境下，面对"应用价值高、价值密度低"的大数据集，大数据挖掘增加了一项新任务，即特异群组分析。因此，大数据挖掘涉及的相关内容包括数据预处理技术，关联规则挖掘、分类、聚类、异常检测，演变分析，特异群组分析及各种场景下的应用。

1. 分类

分类（classification）就是找出一组能够描述数据集合典型特征的模型（或函数），以便能够分类识别未知数据的归属或类别（class），即将未知事例映射到某种离散类别。分类模式（或函数）可以通过分类挖掘算法从一组训练样本数据（其类别归属已知）中学习获得。分类可以用来预测数据对象的类标记。然而人们希望预测某些空缺或未知的数据值，而不是类标记。当被预测的值是数据数值时，通常称之为回归或预测。

2. 聚类

聚类分析（clustering analysis）与分类预测方法的不同之处在于：后者获得分类预测模型所使用的数据是已知类别属性（class labeled data），属于有监督学习方法；而聚类分析（无论是在学习还是在归类预测时）所分析处理的数据均是无（事先确定）类别归属的。类别归属标志在聚类分析处理的数据集中是不存在的，聚类也便于将观察到的内容分类编制（taxonomy formation）成类分层结构，把类似的事件组织在一起。

3. 孤立点挖掘

数据库中可能包含一些与数据的一般行为或模型不一致的数据对象，这些数据对象被称为孤立点（Outlier）。大部分数据挖掘方法将孤立点视为噪声或异常而丢弃，然而在一些应用场合，小概率发生的事件（数据）往往比经常发生的事件（数据）更有挖掘价值。孤立点数据分析通常被称作孤立点挖掘（Outlier Mining）。孤立点可以使用统计试验检测。它假定一个数据分布或概率模型，并使用距离进行度量，与其他聚类的距离很大的对象被视为孤立点。基于偏差的方法，通过考查一群对象主要特征上的差别来识别孤立点，而不是使用统计或距离度量。

4. 演变分析

数据演变分析（Evolution Analysis）就是对随时间变化的数据对象的变化规律和趋势进行建模描述。这一建模手段包括概念描述、对比概念描述、关联分析、分类分析、时间相关数据分析、基于相似性的数据分析等。时间相关数据分析又包括时序数据分析、序列或周期模式匹配及基于相似性的数据分析等。

5. 特异群组分析

特异群组分析是发现数据对象集中明显不同于大部分数据对象（不具有相似性）的数据对象（称为特异对象）的过程。一个数据集中大部分数据对象不相似，而每个特异群组中的特异群组对象是相似的，这是一种大数据环境下新型的数据挖掘任务。

第五节　知识图谱技术

知识图谱技术是人工智能技术的重要组成部分，以结构化的方式描述客观世界中的概念、实体及其间的关系。知识图谱技术提供了一种更好的组织、管理和理解互联网海量信息的能力，将互联网的信息表达成更接近于人类认知世界的形式。因此，建立一个具有语义处理能力与开放互联能力的知识库，可以在智能搜索、智能问答、个性化推荐等智能信息服务中产生应用价值。

说到人工智能技术，人们首先会联想到深度学习、机器学习技术；谈到人工智能应用，人们很可能会马上想起语音助理、自动驾驶等等，各行各业都在研发底层技术和寻求AI场景，却忽视了当下最时髦最重要的AI技术：知识图谱。

当我们进行搜索时，搜索结果右侧的联想，来自知识图谱技术的应用。我们几乎每天都会接收到各种各样的推荐信息，从新闻、购物到吃饭、娱乐。

个性化推荐作为一种信息过滤的重要手段，可以依据我们的习惯和爱好推荐合适的服务，它来自知识图谱技术的应用。搜索、地图、个性化推荐、互联网……越来越多的应用场景，都越来越依赖知识图谱。

一、知识图谱的定义

在维基百科的官方词条中：知识图谱是Google（谷歌）用于增强其搜索引擎功能的知识库。本质上，知识图谱是一种揭示实体之间关系的语义网络，可以对现实世界的事物及其相互关系进行形式化描述。现在的知识图谱已被用来泛指各种大规模的知识库。可作如下定义：

知识图谱是结构化的语义知识库，用于以符号形式描述物理世界中的概念及其相互关系。其基本组成单位是"实体—关系—实体"三元组，以及实体及其相关属性值对，实体间通过关系相互联结，构成网状的知识结构。

二、知识图谱的主要技术

（一）知识建模

知识建模，即对知识和数据进行抽象建模，主要包括以下 5 个步骤：

以节点为主体目标，实现对不同来源的数据进行映射与合并（确定节点）；利用属性来表示不同数据源中针对节点的描述，形成对节点的全方位描述（确定节点属性、标签）；描述各类抽象建模成节点的数据之间的关联关系，从而支持关联分析（图设计）；通过节点链接技术，实现围绕节点的多种类型数据的关联存储（节点链接）；使用事件机制描述客观世界中动态发展，体现事件与节点间的关联，并利用时序描述事件的发展状况（动态事件描述）。

（二）知识抽取

从不同来源、不同结构的数据中进行知识提取，主要进行实体抽取和关系抽取，将知识存入到知识图谱，这一过程我们称为知识获取。针对不同种类的数据，我们会利用不同的技术进行提取。

从结构化数据库中获取知识采用 D2R 技术，难点是复杂表数据的处理。从链接数据中获取知识采用图映射技术，难点是数据对齐。从半结构化（网站）数据中获取知识使用包装器技术，难点是包装器定义方法，包装器自动生成、更新与维护。从文本中获取知识采用信息抽取技术，难点是结果的准确率与覆盖率。

（三）知识合并

合并外部知识库—将外部知识库融合到本地知识库需要处理两个层面的问题。数据层的融合，包括实体的指称、属性、关系以及所属类别等，主要的问题是如何避免实例以及关系的冲突问题，造成不必要的冗余；通过模式层的融合，将新得到的本体融入已有的本体库中。

合并关系数据库—在知识图谱的构建过程中，一个重要的高质量知识来源是企业或者机构自己的关系数据库。为了将这些结构化的历史数据融入知识图谱中，可以采用资源描述框架（RDF）作为数据模型。业界和学术界将这一数据转换过程形象地称为RDB2RDF，其实质就是将关系数据库的数据转换成RDF的三元组数据。

第六节　信息安全技术

信息安全，又称网络安全，包括信息的保密性（保证信息不泄露给未经授权的人）、信息的完整性（防止信息被未经授权的篡改，保证真实的信息从真实的信源无失真地到达真实的信宿）、信息的可用性（保证信息及信息系统确实为授权使用者所用，防止由于计算机病毒或其他人为因素造成的系统拒绝管理）、信息的不可否认性（保证信息行为人不能否认自己的行为）。网络安全的目标包括：系统可靠性、服务可用性、身份真实性、信息机密性、信息完整性、不可否认性、系统可控性、可审查性、系统易用性。

一、备份技术

"备份"的意思是在另一个地方制作一份原件的拷贝，这个拷贝将被保存在一个安全的地方，应该有规律地进行备份，以避免由于硬件的故障而导致数据损失。提高可靠性是提高安全性的一种方法，它可以保障今天存储的数据明天还可以使用。备份对于防范人为破坏也至关重要。计算机中的数据一经备份，就可以在另一台计算机上恢复。如果黑客攻破计算机系统并删掉所有文件，备份机制将能够把它们恢复。

二、数据加密技术

在网络环境中，数据可能会受到篡改、干扰和假冒等主动攻击以及窃听等被动攻击，对数据进行加密是切实可行的。工作中，为保护人们的原始数据（称为明文），人们用密钥对数据进行加密，使得数据不能被任何人读懂。加密后的数据（称为密文）表面上看来是一些毫无意义的比特序列，与明文没有明显的关系。

为了恢复明文，接收方要对密文进行解密。加密有两个主要的组成部分——算法和密钥。算法是一种数学变换或公式，安全度很高的算法并不多见，绝大多数算法是作为标准或数学论文发表的。密钥是一串任意的且无任何意义的二进制数字，它用来进行加密或解密工作，通过算法，将明文变换为密文，或是将密文还原成明文。

三、身份认证技术

认证是用来确认信息或身份真实性的方法，包括信息认证和身份认证两种。信息认证主要用于保证信息的完整性和抗否认性。身份认证用于鉴别用户身份，在用户访问安全系统之前，必须通过身份认证，然后才能访问某些系统资源。身份认证的方法主要有基于生物特征（如指纹、声音、照片等）的方法、基于秘密信息（如口令等）的方法和基于安全令牌（如智能卡、信用卡等）的方法。在计算机网络中身份认证技术主要是采用基于密码学的方法。现在在数字图书馆中最常用的是以校园一卡通为代表的射频识别技术（Radio Frequency Identification，简称 RFID）智能卡和密码口令相结合的身份认证技术。

四、访问控制技术

访问权限控制是指对合法用户进行文件或数据操作权限的限制。这种权限主要包括对信息资源的读、写、删、改、拷贝、执行等。

五、审计跟踪技术

审计跟踪是一种事后追查手段，它对涉及计算机系统安全保密的操作进行完整的记录，以便事后能有效地追查事件发生的用户、时间、地点和过程。审计是记录用户使用计算机网络系统进行所有活动的过程；跟踪是对发现的侵犯行为实时监控，掌握证据，及时阻断攻击的行动。这是提高系统安全保密性的重要工作。这个技术通常是利用网管软件和系统监控软件来实现的。审计信息对于发现网络是否被攻击和确定攻击源非常重要，也是查处各种侵犯系统安全保密事件的有力证据。因此，除使用一般的网管软件和系统监控功能外，数字图书馆还应使用目前较为成熟的网络监控设备或实时入侵检测设备，以便对网络操作进行实时检查、监控、报警和阻断，从而防止网络的攻击行为。

六、VPN 技术

VPN（虚拟专网）技术的核心是采用隧道技术，将图书馆专网的数据加密封装后，通过虚拟的公网隧道进行传输，从而防止敏感数据被窃。VPN 可以在因特网、服务提供商的 IP、帧中继或 ATM 网上建立。数字图书馆通过公网建立 VPN，就如同在公共网中建立一个专属图书馆的内部网一样，拥有较高的安全性、优先性、可靠性和管理性，而其建立周期、投入资金和维护费用却大大降低，同时还为实现移动计算提供了可能。特别是在拥有多校区的情况下，通过 VPN 技术，位置相隔遥远的校区，以因特网建立起安全隧道，使该网上所有主机处在一个内部网络中，享受主馆一样的服务。

在图书馆的数字化建设中，应该根据自身需要并结合不同的应用环境来选用防火墙。如在主控机房这样的地方，作者建议使用包过滤防火墙或双穴主机防火墙这样效率和安全性高的防火墙；而在电子阅览厅和工作机房这样的地方则可选用包过滤防火墙或代理防火墙。

第四章 智慧图书馆的服务模式

本章主要介绍智慧图书馆的服务模式，主要从四个方面进行了阐述，分别是信息服务模式、知识服务模式、阅读推广服务模式、个性推荐服务模式。

第一节 信息服务模式

一、基于微媒体图书馆智慧化信息服务模式

（一）图书馆利用微媒体开展信息服务的动力

图书馆在实践中积极开展微服务，对图书馆的未来发展产生了积极影响。从微服务开始和发展的过程看，图书馆之所以能够进行这样的变革，和它本身的发展动力因素分不开。

1. 内源动力

（1）图书馆以读者为中心的服务宗旨和理念

图书馆在开展微服务过程中，积极践行以读者为服务主体的服务宗旨和理念。以读者为服务主体，即将读者置于图书馆微服务的中心地位，这是图书馆开展微服务的内源动力。建立图书馆，旨在向社会成员传播新知识、普及新成果。因而，图书馆就将服务读者作为最根本的服务宗旨。现代社会成员对图书馆服务品质的要求在不断发生变化，这就为图书馆开展微服务提供了必要的基础。为此，图书馆需要创造出更高水平的服务，践行以读者为服务主体的服务宗旨和理念，通过完善服务模式、优化服务质量，继而为更多读者提供服务。对图书馆来说，积极更新和完善服务功能是实现服务价值持续性提升的重要保证。这是因为，图书馆的服务功能可以满足读者的服务需求，而当读者的服务需求获得满足后，读者就

会对图书馆的服务水平作出高质量评价,相应地,图书馆的服务价值得以体现。因此,图书馆应以开展微服务为切入点,为持续提升服务价值奠定良好基石。

(2)服务价值驱动机制

服务价值驱动机制,同样是图书馆开展微服务的重要内源动力。在社会公共服务体系中,图书馆是践行文化服务理念的主体,具有重要的社会作用。社会发展过程中产生的公共服务和私有化服务,都会受到相关利益的制约。这就表明,利益成为推动社会服务水平持续提高的动力。作为社会公共服务体系的一部分,图书馆的公益性价值就决定了图书馆发展的利益所在和根本目标,即谋求服务的最大化和最优化。基于社会的不断进步,人民群众对社会公共服务机构的服务要求也越来越高。图书馆要想适应社会发展,就必须不断完善自我功能,优化服务水平,这也正是图书馆作为服务机构生存的价值所在。

2.外源动力

图书馆开展微服务是出于自身发展的需要,但与此同时,外界因素也会对图书馆开展微服务产生一定影响。因此,在考虑图书馆开展微服务的内源动力时,也要考虑图书馆开展微服务的外源动力。

(1)新技术的推动

各种新兴技术的出现,为图书馆开展微服务注入新的活力。在技术发展水平较低的时代,新兴技术对改善图书馆服务质量的作用微乎其微,进而导致传统的图书馆服务模式并未发生明显变革。而随着技术发展水平的不断进步,当今时代涌现的各种新兴技术,成为推动图书馆服务质量发展的重要动力,由此使图书馆的服务模式发生深刻变革,并相应地扩大了图书馆的服务范围。

对于当前的图书馆微服务而言,网络技术和信息技术已成为其主要依托的前沿技术。其中,最为明显的就是信息技术的广泛应用,极大地拓宽了图书馆的资料获取渠道。并且,得益于信息技术的支持,图书馆的资料可通过电子化的形式保存和对外传输,这就相应地提升了图书馆的微服务管理水平。随着网络技术的广泛应用,信息资源得以远程传输。因此,通过远程管理和控制信息资料,图书馆的微服务管理水平将得到显著提升。简而言之,就是在信息技术和网络技术被充分利用的情况下，图书馆的微服务基本条件愈发成熟。[①]

(2) 读者需求变化的刺激

图书馆微服务的发展受到读者需求变化的刺激，这也是其主要的外源动力之一。图书馆作为信息资源存储与获取机构，它所拥有的丰富馆藏文献内容决定了其自身的重要地位。图书馆以向读者提供相关服务为根本宗旨，以传播和推广各类知识为基本目的。因此，图书馆的发展必须以满足读者的需求为导向。在多媒体移动设备迅猛发展的背景下，通过手机、平板电脑等各种新型电子设备快速阅读资料，表明大众群体的阅读习惯已经发生转变。基于此，图书馆开始建立微服务机制，以更好地适应大众群体的阅读需要。

如今，社会现代化进程不断推进，人类正在面临来自各方面的压力，可供自身支配的闲暇时间不断减少，能够真正走进图书馆进行阅读的读者数量不容乐观。在这样的背景下，有越来越多的读者开始采用电子阅读这种高效的方式，以节省时间。因此，图书馆微服务应运而生，它能够为读者提供更为便利的服务，让读者可以更加高效地获取知识信息。另外，尽管图书馆的藏书日益丰富，但借阅人数却异常有限，反倒是电子书库的借阅人数更多。同时，很多人都喜欢到图书馆看书学习，因此图书的利用率并不高，这就导致许多书籍得不到充分利用。为了适应读者需求的变化，图书馆不得不对其服务进行调整，这进一步激发了图书馆微服务的发展潜力。

(3) 政府政策的鼓励和支持

图书馆微服务的发展受到政府政策的激励和支持，这也是推动其发展的外源动力之一。图书馆作为公共文化服务体系中最基本、最基础的机构，其在促进社会主义精神文明建设方面有着十分积极的作用。图书馆建设作为精神文明建设的重要组成部分，是一项文化空间建设和信息资源建设，享有政策倾斜，因此政府对其进行政策鼓励。同时，图书馆在提供文化知识方面有着得天独厚的优势，能够帮助人们树立正确的价值观念。当前，我国正在积极推进文化产业的发展，旨在营造有利于我国文化发展的环境，而图书馆作为文化传播和推广的重要载体，提升服务能力和广泛扩展服务范围，将推动整个社会文化建设向更高水平迈进，

[①] 杜洋, 付瑶. 图书馆"微媒体阅读推广"实践与探索——以沈阳师范大学图书馆为例[J]. 图书情报工作, 2017, 61 (06): 26-31.

同时也将显著提升社会精神文明建设的速度和质量。

为了促进图书馆服务的发展，政府采取了一系列措施，共涵盖三个方面。首先，提供资源支持。由于图书馆是一种公共文化机构，具有公益性特征，因而政府会加大对图书馆的扶持力度。政府对图书馆的资源获取进行优化，借助政府资源的支持，图书馆的建设环境和条件得到了明显的改善。其次，得到了人员的有力支持。由于政府的重视程度越来越高，图书馆微服务人员的数量不断增加，图书馆微服务人员的学术水平和实践技能也得到显著提升。简言之，得益于政府政策的积极推动和支持，图书馆微服务的发展难题得以更加全面的解决。另外，可靠的技术条件保障。由于公共文化服务体系建设的不断深入，我国各地都开始重视图书馆微服务工作的实施，并且取得了较为显著的成果。在政府技术人员的积极介入下，图书馆微服务的技术难题得到了攻克，整个服务系统的优化水平得到了显著提升，微服务的质量也得到了显著改善。

（二）微媒体在图书馆信息服务中的应用及发展对策

1. 双"微"联动推进个性化信息服务

图书馆在未来的工作中，需要致力于将微博的强大传播性和微信的紧密联系性有机地结合起来，以充分发挥这两个平台的优势。通过对图书馆微博与微信的现状分析可以看出，"双微"联动已经成为一种趋势。双"微"联动，不仅体现在单个图书馆机构的微博、微信平台之间的互动，还表现为不同图书馆之间的线上互动和线下交流，形成了一种双向互动的模式。图书馆与微媒体平台合作发展，既要加强自身建设，又要注重利用微信等新媒体平台，提高服务效率。针对不同微媒体平台的独特特点，图书馆应当有针对性、有计划地进行信息推送和发布，以提升微媒体运营水平。

如何最大限度地发挥双"微"联动的效益？本书提出了一种基于"双微"融合理念的图书馆个性化推送服务模式。一方面，图书馆需要对所有微媒体用户的"大数据"进行关注，通过对后台数据进行抓取、统计和分析，以发现数据之间的联系，从而全面了解用户的行为习惯，并公布书籍借阅排行榜，同时开展好书推荐等服务；另一方面，在考虑微媒体用户的数据处理时，要注重微媒体用户个体的"小数据"，这样才能更好地了解不同用户对阅读内容与形式的偏好及需求，进而有针对性地为其提供个性化的定制信息。"小数据",即微媒体用户在使用图书馆微媒体时产生的个人数据和痕迹,这些数据和痕迹具有高度的可扩展性,其不仅包括用户的基本情况和行为特征,还包括用户的喜好和习惯,具有很强的代表性,是图书馆开展个性化服务的重要参考依据之一。通过对用户的"小数据"进行搜集和整理,图书馆能够深入了解读者的偏好,并挖掘用户潜在的信息需求,从而为读者提供更加精准的服务。

2. 积极开展读者调查,建立长效反馈机制

在网络环境中,图书馆的读者调查方式更趋于多元化。微媒体在图书馆中的运用,更扩大了读者调查渠道。微媒体应用于图书馆信息服务前,图书馆的读者调查主要是依靠 Web 站点的问卷链接或 E-mail 的问卷发放方式进行的,存在调查周期长、准确度有限等问题。而如今在微媒体的帮助下,图书馆能够更方便快捷地开展读者调查工作,问卷发放更准确,收回更及时,数据统计更便捷。毋庸讳言,微媒体作为图书馆积极进行读者调查的重要"突破口",不断丰富与扩展着图书馆的读者调查形式。

应当指出,图书馆应该抓住各种调查方式及其特征,全面考虑,仔细比较它们各自不同的应用范围,并在选择调查方式时,遵循方法和目的相结合的原则。另外,还需要不断地开拓并尝试一些新型高效的调查方法,如开设微信留言墙、开设微博投票功能、及时梳理资料、整理私信和留言等,对读者提出的问题仔细反馈,并建立长效的反馈机制,有效地提升读者的满意度。

3. 加强微媒体运营队伍建设

鉴于图书馆在运用微媒体提供服务时,专业人才匮乏、技能培训不到位,图书馆要重点加强微媒体运营队伍的建设与管理,并从以下几个方面加以改进。

首先,图书馆管理者要在思想方面紧跟时代步伐,注重微媒体服务发展与提升。尽管我国的图书馆发展微媒体服务已经成为一种趋势,但还有一些图书馆未开通微媒体服务账号或开通后处于"闲置"状态,没有充分发挥微媒体应具备的功能。所以,图书馆微媒体运营对于专业运营人员缺乏要求与吸引力。图书馆以服务为目的,则需按照用户实际需求与行为习惯尽最大努力开展服务工作,在移动互联时代,毫无疑问微媒体是图书馆扩大服务范围、改善用户体验的首选。

其次,强化技能培训。图书馆在微媒体运营与营销培训方面要积极借鉴参考

企业经验，并强化技能培训。与此同时，借鉴其他图书馆微媒体服务实践的成功范例，把理论知识与实践工作相结合，创建高质量的微媒体服务平台。

最后，强调团队架构设计。一个有效的微媒体运营团队，离不开文案、美工和客服等专业技术人才的支持。基于此，图书馆要对团队架构进行合理的设定。扁平化的团队架构更适用于图书馆开展微媒体运营、内容策划、平面设计和技术开发等工作，以此使各部门分工更加明确，资源得到整合利用，从而更好地为读者服务。另外，量化考评的细致化与常态化也会对图书馆微媒体服务产生激励效果，确保图书馆微媒体运营长期开展。

二、基于云计算的图书馆智慧化信息服务模式

（一）数字图书馆信息服务理论

1.数字图书馆信息服务的定义

20世纪90年代提出来的Digital Library（中文名：数字图书馆）是计算机快速发展的产物。到如今，由于Web技术与人工智能的飞速发展，对图书馆的技术要求（比如收集、整理、检索、利用）越来越高，自从数字图书馆提出以来，大部分学者不能最大限度地从跨学科的角度来分析，如此他们对数字化图书馆的定义都具有一定的片面性。所以，从其提出后不到10年，相关领域的学者对其的定义就达到了64种之多。分析研究相关领域学者给出的定义，我们可以从两个层次（狭义、广义）对数字图书馆的内涵进行定义。狭义着重对应了图书馆，而广义层面的理解则强调了操作系统。前者局限于一个实体性质的信息容纳体，比如很多学者对它的描述有"信息资源部门""数据集合体"等。而后者的解释则具有极大的广泛性和跨度性，可以理解为不受时间、空间约束而给"云"用户以强大数据支持的操作系统，同时在信息空间上进行信息的分配和共建共享。数字图书馆就是一个数字化的虚拟机构，它是一个无障碍的图书馆，它利用互联网收集、组织、加工和传播信息资源，其结构庞大，分布于不同地域，用户使用非常便捷，不存在时间与空间的限制。数字图书馆信息服务则是指利用各种技术对信息资源的采集、组织、检索和传播等业务进行处理的一种活动，它为数字图书馆用户提供电子出版物、数据库内容还有网络上的各种信息，其面向一切

利用数字图书馆的用户。

2. 数字图书馆信息服务基本模式

当前最主要的数字图书馆信息服务系统都是 B/S（Browser/Server，浏览器/服务器模式）三层结构（Web 服务层、应用服务层、数据服务层），这三者分别代表了系统接口、浏览器和操作系统的结合体、服务器以及它们的相关构成。庞大的用户体系访问图书馆的途径很多，包括移动端或者 PC 端。当用户进行检索、借阅或者咨询时，根据用户的信息需求，这三层依次作出应答和调度，应用服务层调取 wed 服务层收集的数据进行整理加工，发送给数据服务层，数据服务层作出相关反馈，并借由应用服务层反馈给 Web 界面，用户读取最终反馈结果获取自己需要的信息。

3. 数字图书馆信息服务质量评价指标

数字图书馆作为一家信息服务机构，其信息服务质量评价指标可分为两大类，这是基于数字图书馆结构特点考虑而得出的结论。

（1）数字图书馆软硬件服务环境

数字图书馆为用户提供服务时，其环境质量直接影响着用户的感受。除了实体图书馆自身的内部环境外，馆内计算机的配置、数据库系统的完善程度、用户与数字图书馆交互的软件界面可用性，以及馆内服务人员的服务素质，都会对数字图书馆的信息服务质量产生影响。

（2）数字图书馆可提供的服务内容

数字图书馆的最终目的在于为用户提供所需的信息资源，而数字图书馆信息资源的覆盖范围决定了用户需求是否能够得到满足。因此，数字图书馆的信息内容应体现广度和深度，图书馆不仅需要处理庞大的信息总量，还需要覆盖多个学科和专业领域，以满足用户个性化的信息需求。

（二）基于云计算的数字图书馆信息服务质量优化对策

信息技术推动数字化时代的到来，由此使人类的生活方式发生重大变革。因此，要想优化图书馆管理服务质量，就需要有效利用信息技术。信息技术在不断发展的同时也在向各领域渗透，这其中就对图书馆的管理模式革新和数据平台建设产生一定影响。云计算技术归属于信息技术，将云计算技术应用至图书馆领域，不仅会改变图书馆管理运行方式，而且还会提升图书馆服务质量。可以预见的是，在云计算技术广泛应用和信息技术不断革新的背景下，图书馆会加快应用云计算技术的进程，进而有效提高数字图书馆信息服务质量和管理效率。

1. 削减建设成本，提高用户体验

在数字时代，优化数字图书馆信息服务质量，必须着力解决云计算技术应用难题，从接触云计算技术开始，仔细对比并筛选适合数字图书馆发展的云计算技术，将其应用至数字图书馆日常建设中，如将云计算技术应用至数字图书馆基础设施建设中。当然，必须认清的一点是，将云计算技术与数字图书馆信息服务能力建设相结合，关键是需要合理分配所投入的资金，因为如果仅投入硬件设备是无法满足数字图书馆发展需要的，还必须有适当的软件作为支撑。基于此，数字图书馆要在加强基础硬件设施建设、培养服务人员素质和改善馆内环境的同时，通过投入资金相应地接触和学习云计算技术，引进优秀的图书馆管理服务人员，为云计算技术与数字图书馆信息服务能力建设相结合奠定基础。但是，总的来说，要想使所有数字图书馆都能提升信息服务能力，除投入资金引入必要的云计算技术外，还应该加强馆际间的合作交流，以应对信息资源快速更迭的现状。

（1）加强馆际联合，资源共享

数字图书馆共含有大、中、小三种不同的规模。其中，小型数字图书馆主要是为本馆读者服务的，属于专门设立的服务器集群；中型数字图书馆主要是为本区域范围内的读者提供资源共享内容，由多个小型数字图书馆构成；大型数字图书馆主要是由多个高端服务器组成的集群，对所有中小型数字图书馆进行集中监控和调度，其整合功能强、覆盖范围广，可为读者提供全方位的服务。具体来看，不同规模的数字图书馆具有同等的内核指向，即实现资源与服务之间的相互补充、相互促进以及相互支持，在实现跨地域信息储备和记录的同时，也可以将资源共享给集群中的其他分馆成员。因而，综合大、中、小型数字图书馆，其目的在于共享资源，避免出现信息冗余和重复建设等现象，从而节约大量资源购买资金，提高图书馆的资源覆盖率，并扩大其辐射地区消费者群体，为图书馆共建共享文献信息资源提供一个统一的平台。

（2）加强数字图书馆信息可用性

对互联网信息资源加以重组和传输，既能满足用户信息需求，又能催生更多的潜在消费人群。此外，由于数字图书馆的信息具有较强的可用性，会有更多的用户使用数字图书馆。

传统图书馆存在单一的受众范围。相对来说，数字图书馆拥有更为广泛的受众面，涵盖不同行业领域和不同的使用对象。此外，数字图书馆的服务内容更加丰富、更加高效。尤其是采用云计算技术优化数字图书馆查询功能，可以快速检索用户使用信息，从而大幅节省时间。另外，在数字图书馆中安装相应的服务App（软件），或下载与系统配套的搜索引擎，便能满足不同用户的个性化需求。

无论是传统图书馆，还是传统数字图书馆，其本身在服务过程中会受时间、空间等方面的限制。例如，传统的图书借阅方式不仅会占用实体空间，而且还会增加借阅时间成本。同样，部分数字图书网站由于操作方式固定不变，用户需要下载安装指定电子图书馆之后才可以进行分享，这就导致系统内存容量和时间成本大幅增加。在云计算技术加持下，数字图书馆的信息服务功能得到进一步优化，可供用户选择的信息资源也更为丰富。具体来看，以云计算技术为支撑的数字图书馆，将网络服务作为主供给渠道，用户只需安装云服务集群配置与相匹配的 App，不需要解压与分解任何信息资源数据，即可实现对数据资源与文本信息的自动保存，呈现高效性和及时性特征。

传统的线下实体图书馆，其受众群体以专业化的学习人士或流动的个体用户为主，而由于受众群体较小，传统的线下实体图书馆不能向用户提供多样化的需求服务。但是，得益于信息技术的发展，数字图书馆实现了信息资源的收集与共享，用途也呈现多样化的发展趋势，用户既可通过线上查询浏览信息，免费获取时政热点，又可下载所需的信息资源。并且，来源广泛和丰富多样的信息资源，还可为专业学习人士开展学术研究提供帮助，推动科学研究的自动化发展。可以说，数字图书馆在适应个体化需求与多样化选择方面，能够依据其优势进行合理的资源配置与归类，给用户带来更多的惊喜与收获。

2.加强信息资源整合与共享，提供全面化信息服务内容

当前，数字图书馆需要紧跟发展趋势，进一步整合信息资源，降低基础设施建设难度，简化管理程序，从而提高运作管理效率、削减运作成本。在这一过程中，数字图书馆应该制定适宜的发展方针，以有效应对运作风险，实现长远发展。实践表明，以云计算技术和数据库技术为支撑，可将数字图书馆的海量离散信息

资源整合存储至对应的虚拟服务器，方便用户分享与利用。并且，通过对信息资源的整合，可以提升数据相互传输、业务交叉运作的效率，从而建立规范化的数据体系，改善图书馆信息平台服务质量。此外，在对网络信息资源整合的过程中，相应的数据会得到及时处理，进而有助于提高数据中心工作效率。完善数字图书馆基本架构，即通过建立规范化的信息平台，实现信息资源共享、共用。借助云计算技术将整合的资源传递给用户，为用户提供更为便捷的信息服务，这一过程实际上是数字图书馆信息服务功能与资源共享功能相互联系的过程。

（1）打造全面化的信息需求

如今，用户对于信息资源的需求程度正在不断提升。得益于信息技术的发展，互联网在传递信息资源方面具有明显的优势，各个领域的用户群体都能从中获得相关信息资源。基于此，数字图书馆应该加快推进信息资源整合与共享力度，满足各个领域用户群体不断增长的信息需求。具体来看，通过打造全面化的信息服务系统，及时追踪用户的信息服务动态与反馈需求，从而确保信息资源得到最大限度的传输与共享。

（2）云计算提供丰富多样的信息内容

以云计算技术为支撑的数字图书馆，不能仅向用户提供固定的、专业化的学术信息或理论知识，而是要尽可能地向用户提供丰富多样的信息内容，满足用户的多元化需求。既要向用户呈现传统图文印刷文献实物，又要向用户传递直观、完整、形象、易懂的多媒体信息。

（3）数字图书馆信息资源的定位提高

数字图书馆存储的信息资源类型多样、来源广泛，属于专业的信息服务软件，它能根据用户的特定需求有针对性地检索相关信息资源，并对已检索的信息资源进行自动化再处理，最终对信息资源进行整合集成，向用户提供特定的信息资源，这种对信息资源的有效定位，可以大幅提高数字图书馆信息服务效率。

（4）有助于附加信息产业的建设

在云计算技术的作用下，信息资源的流动性逐渐变强，各类信息资源呈现明显的独立性特征。云计算技术能有效地整合有关生产要素，使之得到改进与调整。信息化时代，生产信息资源所投入的经济成本大幅降低，信息资源利用率得到相应提升，最终促进信息资源增值。从总体上看，用户利用数字图书馆获取信息，一方面是为了完成查阅、检索等基础性工作，另一方面则是为了扩大个人的认知范围，即借助数字图书馆来提升个人的信息知识素养。所以，基于云计算技术建设的数字图书馆，其提供的信息服务可以助推社会附加信息产业的建设与发展。

3. 构建新的用户与系统交互界面，满足用户个性化需求

传统数字图书馆的用户与系统交互界面设计较为滞后，仅靠信息检索功能难以满足用户多样化的使用需求。如果不重新设计用户与系统交互界面，那么数字图书馆就会失去用户（群）的支持。基于此，传统的数字图书馆有必要针对用户（群）的个性化需求，科学合理地设计用户与系统交互界面。

依据数字图书馆信息服务基本模式与云计算基本模式可知，构建以云计算技术为支撑的数字图书馆用户与系统交互界面，首先应以满足用户检索需求、用户个人信息保存需求和用户个性化需求为目的，并辅以必要的数据库系统和数字图书馆管理系统，形成涵盖用户系统、管理系统、数据库系统的数字图书馆信息服务内容体系，以平衡用户与后台操作管理人员对数据库系统信息资源的使用，实现资源转换与资源共享。用户系统内各个独立工作的模块内容互相作用、取长补短，可以较好地优化资源分配、合理开发空间。构成用户系统功能的五大模块分别包括：基本信息资料管理与维护、个性化需求的专门定制、资源信息的浏览与查阅、文件夹的储存，信息回馈箱的设置。其他系统也能辅助信息服务系统的正常运行。下面只介绍用户系统主要结构的功能内容。

（1）基本信息资料的管理和维护

用绘制表格的方式存储用户基本信息，如登录名、真实名、出生年月日、学历水平、专业等信息，从而为用户和服务系统搭建一个平等对接的平台。同时，为确保用户信息安全，数字图书馆会与用户签订具有法律效应的个人隐私权协议，用户可结合实际需要自行选择是否更改或管理信息。数字图书馆会实时同步更新用户信息资料及相关数据，确保能为用户提供个性化的信息服务。

（2）个性化信息需求的专门定制

针对不同用户的特定需求，数字图书馆会自动生成符合不同用户特定需求的个性化服务。利用云平台形成个性化服务系统，能够实现对系统运算资源的高效利用。针对个性化需求进行专门定制，主要包括两个方面。其中之一就是"使用定制"，即用户可自由搭配图文、调整明暗光度、变化布局安排等。还有一种就

是"服务定制",即定制个性化的服务主题与内容,数字图书馆会对数据字码整合归类,以适应不同阶段的用户产生的特定需求,并根据不同数据资源及服务内容展开标准化分类,用户可据此自由选择喜欢的方案进行整合搭配,形成菜单定制。此外,用户还可根据自身喜好调整或设置特色风格菜单模式,这一个性化功能服务定制既适合学生群体,也适合办公人群。

(3)资源信息的浏览与查阅

用户除可按照数据检索方式检索馆藏文献资料外,也可借助数字资源实现自动化浏览与信息筛选。该系统能够基于用户描述对接个性化数据模型,甄别针对性内容信息。综合划分并有序地呈现信息资源,能够同时适应不同用户群,当用户不能匹配到相应信息时,该系统会自动从云端中重新调取用户所需的资源信息,其内容辐射面将更加广泛。

(4)文件夹的储存和保存

为便于用户有效地管理信息资源,设置了文件夹收藏功能,可将用户检索的文章、链接进行复制,并对常用检索项进行整理存放。其中最突出的特点是设置了文档空间,用户可在线编辑文档,并将所获各类信息资源再适时精加工。只需登录替换终端,并定位具体位置,即可方便地修改润色文档。

(5)信息回馈箱的设置

设置信息回馈箱,旨在方便数字图书馆运用服务系统管理用户。信息回馈箱主要通过邮件发送与接收的形式,定时提醒用户个性化特别定制的细节进度。与此同时,数字图书馆服务系统管理员还可以借助信息回馈箱答复用户疑问。信息回馈均被存档记录。可以说,该系统是用户与管理员之间平等沟通的桥梁,管理员可针对特定问题完善功能配置,甚至可在菜单中新增内容。数字资源信息的及时反馈能够确保系统和用户之间良好的交互,更加符合用户对信息的要求。

4."云"数字图书馆信息安全存储推进手段

对数字图书馆的发展来说,信息安全是非常重要的。并且,信息安全同样受到了广大用户的重视。云计算技术使得用户能够将数据信息储存在云端数据库中,用以随时共享,这很好地避免了传统数字图书馆硬盘损毁导致的数据风险。然而,由于网络不确定性以及风险性等原因,服务器、云服务商常会存在严重的安全问题,进而可能导致用户的信息外漏,信息安全性可能无法得到保证。而且,一旦网络平台上某些重要个人数据或资料被盗用或出现丢失,都将对数字图书馆发展产生巨大负面影响。由此可知,尽管云计算技术方便有效,但说到底安全性还是要放在第一位,这也是推动"云"数字图书馆建设不可或缺的因素。

(1) 建立云安全平台

数字图书馆实际上属于云服务中间商,而数字图书馆云联盟则是由众多数字图书馆联合建立而成。在开放信息服务的同时,通过数字图书馆云联盟传递信息,可以使业务更加透明化。然而,网络体系具有不确定性与风险性,所以在成立数字图书馆云联盟平台的同时,必须建立安全的数字管理体系。具体可借助本地服务平台或安全产品,设置一套符合法律规定、针对性强的信息防护屏障,防止出现用户信息泄露的情况。而对于用户本人来说,在信息防护屏障的保护下,只需访问云计算数据平台并借助其信息处理技术,即可在极短时间内对文档进行安全性判断。总之,信息防护屏障技术不以高配置计算机为依托,同时可以大幅减少硬件成本,其配合网络安全软件使用还能发挥良好的"防护罩"功能,抵御网络风险,确保用户信息安全,使用户放心使用数字图书馆云服务。

(2) 制定完善的资源保障体系

在数字图书馆的架构建设中,以云计算技术为核心的数字图书馆,需要明确信息共享权限,从而保障图书馆体系能够高效运作。针对数据中心资源、信息使用权限、使用有效期限,以及用户身份认证等,数字图书馆需要制定一套统一的服务标准,以避免用户在使用过程中因信息分配不均而产生纠纷。为保障图书馆体系能够正常运作,数字图书馆还应该确保数据安全,防止非法入侵以及病毒攻击等现象的出现。在数字图书馆建设过程中,云计算技术的支持和安全管理的保障同样重要。因此,相关部门在完善服务模式的同时,必须综合考虑技术和安全两个方面的问题。云计算技术可以提供一种全新的应用方式,将原本复杂多样的网络环境简单化,从而使其具有更强的适应性和灵活性。基于数据库平台的云计算技术,将用户信息和相关数据资源存储于数据库中,从而实现资源的高效分配和共享。建立数据库的优点在于,监管者能够更加迅速地进行监督审核,避免了分散资源监察可能带来的缺陷和漏洞。另外,通过云计算环境下的数据安全传输机制,可以有效保证数据传输时的安全性,减少信息安全造成的损失。为了进入信息平台,用户必须通过身份认证程序进行身份验证。然而,这种方式仍无法完全确保数据库的安全性，因此有关部门需要建立一个更加完善的认证系统，以最大限度地提高用户身份识别的效率，降低潜在的识别误报率；另外要保证用户身份与业务应用无关，确保数据库的安全性。在保障信息安全方面，数字图书馆需要从根本上加强数据库的安全建设，以确保用户能够安心使用数据库，避免数据的丢失和泄露。例如，可以运用基于数字水印技术的用户身份验证方法，通过在用户与服务器之间加入数字加密算法，以此提高用户身份的安全性，避免出现非法访问现象。

第二节　知识服务模式

一、图书馆知识服务的一般模式

付仁林提出了一种基于维基百科的知识服务模式，开发了一个知识活动地图，系统用于区分和识别维基知识领域，该模式能激活潜在的知识提供者，为知识需求者提供服务。国外部分学者认为知识服务主要包括4种类型：内容、产品、服务、方案；开发产品包括数据库、技术报告、科学论文、宣传材料政策、规则、信息系统等；提供服务包括讲授、解答、建议；分享解决方案包括规划、方向、态度、整合等。另有学者提到，知识服务大体有三种类型：一是文献检索；二是集中向用户提供满足其完成工作任务的知识；三是在不同人之间分享相似工作任务所必要的知识。

作者认为图书馆服务包括文献服务和数据服务两种形式。文献服务从藏书功能开始，以原始文献（一次文献）为主要服务形式特征，随后出现以文献为中心的参考咨询服务和两代学科服务。传统服务围绕着印刷型文献展开，处理对象主要为纸质文献，参考咨询处理对象主要为文献（外部特征），学科服务处理对象主要为文献（内容特征）。但不管是参考咨询还是学科服务，虽然范围扩展了，服务内容丰富了，服务方式改变了，但始终都是围绕着文献开展相关服务。传统服务、参考咨询服务和学科服务的实质还是文献服务。作者把围绕文献展开的相关服务模式称为图书馆第一服务模式，也是目前图书馆的主要服务模式。数据服务模式是在大数据时代由于信息颗粒度细化产生的新的服务模式，是分离文献载体外壳进行的数据服务。狭义的数据服务处理对象主要为原始关联数据。新的数据服务模式的出现体现了以文献为唯一形式特征到以数据和文献两个形式为特征的演化,且两种服务模式将会长期并存。

二、图书馆智慧化知识服务的服务情境

(一)智慧图书馆知识服务情境的服务建设

建设智慧图书馆,要以打造知识共享、知识创新与协调创新的平台为根本目标,有效践行"以人为本"的服务理念,以协同树立实现人的全面发展为根本宗旨,进而推动图书馆与用户、资源与服务、创意空间与协同环境的全面可持续发展。要想构建智慧图书馆知识服务情境,就必须遵循智慧图书馆的服务目标与服务理念,即以用户为中心,确立"用户智慧再生产"的发展思路,利用新兴信息技术进行知识服务,将新兴的网络社会形态和现代用户的知识需求联系起来,营造一个有利于图书馆用户整体发展的信息服务环境。

智慧图书馆知识服务情境可以提供相应的信息知识服务,由于信息知识服务整体呈现个性化、层次化、多元化和精准化的特征,从而使智慧图书馆知识服务平台更能发挥基础支撑作用。智慧图书馆知识服务平台的基础支撑作用主要表现在两方面:一方面,其能在特定情境中精准识别特定用户的个性化需求;另一方面,其能针对特定用户的个性化需求精准匹配知识内容,并为特定用户推送具有适配性的服务内容。这一过程实质上体现了智慧图书馆知识服务适配功能与图书馆激励性功能。[1]当然,要想使智慧图书馆知识服务情境向用户提供信息知识服务,则必须依赖智慧图书馆的流程标准化情境与内容个性化情境。而流程标准化情境,又需要体现稳定性、标准性、可移植性和可整合性特征;个性化情境则需要体现实时性、适应性、适量性、友好便捷性和安全有效性特征。可见,由智慧图书馆知识服务延伸的服务情境,主要可分为流程标准化情境与内容个性化情境两种。

(二)智慧图书馆知识服务情境的构成

1. 标准化情境

标准化情境是由数据服务与信息服务情境的有关内容构成的。从某种程度上

---

[1] 陆丽娜,王玉龙. 智慧图书馆 [M]. 哈尔滨:东北林业大学出版社,2017.

来说，用户信息素养的高低，关系着智慧图书馆的开发与管理水平。基于知识服务平台系统的技术特征、知识服务流程及核心要素，提出智慧图书馆知识服务标准化情境，研究重点为服务流程是否规范、服务平台是否稳定安全、服务是否支持模块化移植、平台是否支持数据资源整合。信息检索与分析在智慧图书馆知识服务中发挥着重要作用，其主要用于分析和处理各类异构数据，从而为构建知识服务情境提供扎实的数据支持。当然，构建智慧图书馆知识服务情境，还要充分考虑用户的时间成本、精力成本等因素，并把智慧图书馆知识服务平台的服务拓展性功能、性能优化等融入设计过程，确保用户能够自由调度图书馆资源，无障碍使用图书馆各项功能，促进服务内容、服务水平及服务层次整体升级，更好地满足用户个性化需求。通过规范流程、增强系统容错度等方式来增强服务的稳定性、操作性，以实现规范操作、保持平台稳定等功能；通过对情境中的数据资源进行优化组织、知识挖掘、资源聚类融合，增强服务平台的可整合性。

2. 个性化情境

个性化情境是由知识服务与智慧服务情境的有关内容构成的。智慧图书馆服务个性化情境具有激励性作用，智慧图书馆提供的服务内容和精准适配用户个性化需求，对用户产生持续激励作用。智慧图书馆服务个性化情境，主要用于解决用户信息知识需求与图书馆服务之间的交互问题，向用户精准投放适时适量、针对性强的信息知识服务内容，进而满足用户个性化的信息知识需求，正向激励作用保证了用户的继续使用行为。与传统的数据（文献）信息服务相比，智慧图书馆知识服务既能向用户精准投放各类所需数据、文献和信息，又能充分依据用户个性化需求，将各类所需数据、文献和信息广泛搜集、组织起来，经过筛选、分析、处理、再编码，形成新的知识产品或知识方案，最终向用户提供经过三次深加工的文献产品，帮助用户作出决策，或者通过直接向用户提供知识产品来解决实际问题，满足用户多层次、个性化的需求。

智慧服务涵盖语义分析、用户情境计算、图像的 ROI 定位和知识服务搜索引擎等技术。其中，语义分析，是指将文本、MVS 数据以及图像等数据资源从语义上进行提取、划分、计算以及分类管理，用以阐述数据信息和知识语义信息的对应情况，并利用语义标签进行标记处理。用户情境计算，是指对用户行为情境的综合分析，其目的在于通过构建用户情境模型，推理出用户所处情境，然后对其可能产生的需求与意向进行预测，从而达到把情境分析的结果融入并嵌入智慧图书馆知识服务全过程的效果。通过在图像中进行 ROI 定位及信息提取，筛选满足用户情境要求的对象和话题，可以显著缩小信息搜索范围，降低计算复杂性，进而保证 ROI 定位精度，提高图像分类识别精度。概括而言，智慧图书馆中的语义分析、用户情境的融合以及图像的 ROI 定位，是知识服务过程需要解决的重要问题。

（三）智慧图书馆知识服务延伸的服务情境建构策略

智慧图书馆知识服务延伸的服务情境，其终极目标与归属在于体现激励性功能。针对智慧图书馆的顶层设计，应强调合理规划激励方式，完善管理服务理念，提升馆员专业素养，做到以用户为中心，满足用户服务需求，向用户提供可持续使用的服务设施。此外，在加强对智慧图书馆的顶层设计过程中，应该制定符合智慧图书馆服务情境要求的管理激励机制，同时要求馆员予以必要的引导，保证用户能够持续使用图书馆服务，增强用户的服务体验和自适应心理，激发用户的使用兴趣。

1. 构建精准追踪用户个性化动态需求的自适应服务情境

借助物联网设备实现数据互联，实时捕捉用户需求，提升服务反馈的实时性能，及时响应用户的信息诉求，推动服务质量优化，从而为用户提供符合其个性化发展需求的知识服务。同时，可以通过大数据分析技术构建智能决策系统，以满足不同层次读者对阅读体验的差异化要求，从而达到高效获取以及合理组织海量资源的目的，提高知识服务的协调共创性。从提升智慧图书馆知识服务的延伸能力入手，优化智慧图书馆知识服务的适用性功能，全面追踪用户的行为习惯和偏好，缩小用户的期望与感知之间的差距，从而提高服务的有效性，实现对用户需求的全面了解和精准预测，并根据预测结果进行信息推送，最终实现智慧服务的目标。因此，针对不同的知识结构、服务情境和个人兴趣，智慧图书馆需要采用灵活的策略来实现优化服务方式、方法，以达到最佳效果。

通过全方位分析用户行为，实时获取用户的信息需求，并结合用户行为分析和背景调查，深入解读用户的习惯偏好，为不同用户建立对应的行为档案，并记录用户的需求偏好和认知测试结果，为后续的知识匹配提供科学数据支撑，从而为不同用户提供个性化的内容推荐和主题定位等服务。智慧图书馆应当建立系统化的用户隐私保护机制，以避免在对用户行为进行捕捉和分析时发生隐私侵权事件。

首先，智慧图书馆在接收用户信息之前，就应向用户提供隐私保护政策声明，引导用户自由行使隐私信息保护权利。这有利于提高智慧图书馆的服务质量，也能够增强智慧图书馆的竞争力。其次，为精准推送服务内容，以及与用户建立交互行为，智慧图书馆必须全面了解用户的使用习惯和接受能力。此外，为实现个性化定制服务，智慧图书馆需要对用户的认知行为进行预测，推动资源情境化重组和用户聚合，最终实现按需动态推送服务内容。当然，还可以根据第三方数据提供的信息精准把握用户的特定需求，以此提高智慧图书馆服务平台反馈时效。最后，智慧图书馆应当积极推广智能阅读、智慧学习、社区化小组互动、可扩展的再生内容应用，以及自定义存储等方式或渠道，促进用户之间进行多维度的知识资源交流、共享、利用和创造，进一步优化升级交互平台适用性能。为保证智慧图书馆的资源、技术、服务能完美契合用户需求偏好，智慧图书馆需要积极采取措施，如可以发展服务帮助功能，合理地引导用户的信息期望，逐步优化用户使用体验，使个性化服务更具普适性和有效性，从而提高用户的主动参与意识和使用忠诚度。

2. 发展核心竞争力的新型智慧服务专业人才

要想更好地推动图书馆向智慧图书馆转型，就要明确两方面任务：一方面，从宏观战略出发，准确定位智慧图书馆的功能，形成长远规划；另一方面，从微观策略出发，重新组合图书馆内部业务环节，注重培养馆员的专业技能与服务能力，提升馆员的适应能力与创新能力。人员再造意味着图书馆员专业服务能力的发展，与用户相比有相对优势。新型智慧服务要求提升图书馆员综合信息素养，合理使用新型专业工具，更强调开发利用图书馆员在知识与技能方面的特殊优势，组建服务于用户的专业团队，最终塑造图书馆员在未来拥有核心竞争力的职业优势。

3. 构建激励推进型的开放式创新管理机制

实现管理激励，要求智慧图书馆必须完善资源整合与情境融合等环节，也就是使服务流程标准化、内容个性化。针对建构服务情境环节，智慧图书馆应该从分析知识服务的功能属性特征入手，并以用户的个性化需求为导向，通过整合平台功能属性与服务情境，进而实现管理激励的优化和平台的创新发展。其中，管理激励应包括两方面内容：一是图书馆专业馆员激励；二是用户使用平台激励。

管理的重点应由管理资源转移到管理服务上来，管理服务的关键是管理人才，管理人才的关键是激励人才，盘活、用好现有人力资源就成了管理中最重要的问题。盘活人才要素的创新功能，对于图书馆知识服务的拓展具有重要意义。智慧图书馆人才建设在配备相应人才的同时，还必须具备合理的人才作用机制，依托人才、激发人才，充分发挥人才的优势与专长，唯有如此，智慧图书馆知识服务人才培养队伍建设，才能真正适应智慧图书馆新型知识服务发展需求。此外，智慧图书馆的知识服务单靠单个馆员之力，难以完成深入细致而又繁杂的服务项目，必须要靠专业团队来配合操作，所以在给个人以激励时也要考虑整个团队人员的配置，激励服务团队协作能力、知识更新能力等。

三、基于数据生态的图书馆智慧化知识服务模式

（一）构建目标

随着开放数据和信息技术的不断兴起、发展，传统产业正在经历转型。作为知识服务行业的一员，图书馆在用户的信息生产、消费观念和阅读习惯发生深刻变化的背景下，不断优化知识服务内容，与用户需求保持契合。具体而言，建构图书馆知识服务价值共创模式，应以价值增值为导向，以用户知识服务需求为核心，利用先进的大数据技术，通过整合开放数据资源、知识服务产品等，构建动态的、集成的知识服务模式，实现服务主体的价值共创，从而推动图书馆服务向生态化发展。

服务蓝图法是一种高效的服务设计方法，它以流程图的形式，对服务提供过程、员工和顾客的角色以及服务的有形证据进行持续而精准的描述，以直观的方式呈现服务的全貌。在服务设计中应用服务蓝图法能够有效提升服务质量和客户满意度，提高企业竞争力。服务蓝图的构成要素包括用户行为、前台可见的接待员工行为、后台不可见的接待员工行为、支持过程以及有形证据。每个要素被划分为三条分界线，分别为交互分界线、可见分界线和内部交互分界线。

服务蓝图旨在将服务分解为提供服务的步骤、任务以及完成任务采用的方法，从而保证服务人员能在服务提供过程中明确自己的职责，确保管理者能准确把握影响用户满意度的因素及自身服务工作的薄弱点。服务蓝图的主要目的在于协助服务组织开发、设计新服务，完善服务流程，把控服务质量，以提高服务组织的服务质量和提升行业竞争力。

将图书馆知识服务价值共创引入服务蓝图之中，能够对知识服务价值共创过程进行详细分析，推动管理者站在价值共创视角、站在用户视角思考图书馆知识服务价值共创，以树立正确的图书馆知识服务价值共创理念，强化图书馆员工服务意识。

（二）蓝图设计

通过详解图书馆知识服务价值共创过程，明确图书馆知识服务价值共创步骤，认识图书馆知识服务的角色、职责，将图书馆线上服务和实体图书馆知识服务相整合，符合图书馆知识服务价值共创现状。前面提到，图书馆知识服务价值共创的五个要素，可以共同构成一个完整的服务蓝图。

图书馆作为信息服务机构，为用户服务是它的基本职能之一。用户可通过图书馆或网站，获取咨询或直接提出价值主张，随后图书馆将协助用户，通过在线讨论或互动等形式，实现价值交换。在此处将发生多种互动行为，其中包括探知用户的价值需求和建议、参与价值共创以及接收反馈的过程。用户与图书馆之间形成一种双向或多向的互动关系，即用户与图书馆之间存在着不同层次的交流和沟通。通过参考图书馆知识服务价值共创蓝图的交互分界线部分，我们可以深入了解用户与图书馆服务人员之间的互动关系，从而更好地了解双方的互动情况。

为了推动合理的知识服务设计，图书馆管理人员有针对性地确定了与用户接触的人员范围，并确定了用户可见价值共创的范围；同时可以将图书馆的服务蓝图作为参考标准，指导用户获得更好的互动体验。如果图书馆服务蓝图中存在交互分界线，那么用户和服务人员的交互部分就会被清晰地标识出来，从而确定哪个环节能够让用户感受到价值共创，这有助于图书馆人员有效地引导用户积极参与知识服务价值的创造过程，同时也有助于图书馆员识别价值共创过程中的薄弱环节，从而有针对性地改进服务效果。

（三）模式构建及阐释

图书馆知识服务价值共创模式的建构，旨在打破用户与用户、用户与图书馆员及图书馆人员之间的知识分割，使彼此相互关联，完成对知识的共享，实现对用户个性化、专业化和集成化的知识服务。为此，图书馆知识服务价值共创模式的建构，应充分体现以用户价值共创为核心的建设理念和服务蓝图设计思路，并综合考虑图书馆知识服务价值共创的影响因素，初步划分图书馆知识服务价值共创模式，即互动层、服务层、流程层和支撑层。

1. 互动层

知识服务中的需求因素由体现用户需求特征的行为构成，在这些因素中，用户行为偏好与反馈建议可以使图书馆明确价值共创的切入点，而服务蓝图可以清晰勾勒出图书馆和用户在服务过程中的交互流程，从而以价值共创实现为核心要素，也就是知识服务需求为依据。同时，借鉴部分学者所建构的电子政务服务蓝图，本书提出建构图书馆知识服务价值共创的互动层，即图书馆和用户均为价值共创主体的参与方，并以互动方式进行价值共创。

图书馆对价值共创活动的作用在于指导和鼓舞，所以图书馆有必要对价值共创实现的目标及成效作出选择和定位，并在这样的目标之下，打通各种渠道，利用在线咨询和社交媒体等价值共创平台组织用户参与其中，和用户一起设计服务流程并持续改进，依据用户反馈意见及存在问题对服务进行合理完善，确保价值共创工作顺利开展。

从互动层面上看，价值共创以用户知识服务需求为前提。在数据生态中，用户在海量数据资源面前需要迅速而准确地获取实现其目的所需要的知识，这对图书馆知识服务人员提出了数据清洗和挖掘服务的要求。大数据相关技术在此过程中表现出了较强的作用，能够给用户提供技术支持与交流平台，实现用户与用户之间、用户与馆员之间及时快速的互动与反馈，推动知识流动，精准定位用户偏好。

数字化技术为在线互动提供支撑，让图书馆能够及时掌握用户需求。以图书馆为导向，一方面，知识服务平台可以对用户访问和互动信息进行收集汇总、分析和挖掘；另一方面，通过互动渠道对用户信息行为进行积极跟踪。以用户为导向，利用多平台、多渠道进行互动与信息推广，让用户可以很方便地获取信息。

访问及互动信息提供的数据增值服务还能够给企业带来新的发现与机遇，从而实现服务增值。①

2. 服务层

就图书馆知识服务的价值共创而言，对其概念的理解及资源与整合，决定着其发展方向。而且，服务蓝图都围绕着服务展开，所以对图书馆知识服务中价值共创服务内容的梳理就显得十分必要，所以本书提出在图书馆和用户之间建构一个服务层。

在数据生态环境中，服务层以知识库、数据库和集成层为依托，为用户提供以价值导航、价值定位和价值增值为主的知识服务。其中，价值导航就是在互动层针对探知到的用户需求对其进行对应导航，而且不同导航所指向的价值定位也各不相同；价值定位的步骤包括知识诊断、知识分析和知识决策；价值增值就是在知识服务总体过程结束之后，对图书馆和用户是否实现双重增值进行判断，对图书馆而言，就是通过所提供的服务对馆内资源进行知识聚类、重组，通过知识创新促进服务创新。

服务层既然是核心模块，就应在大数据和云计算的辅助下，有较强的加工与配套支撑。服务蓝图下，图书馆知识服务价值共创的服务层，可呈现图书馆所提供的服务内容，以及图书馆致力于解决使用者遇到的战略决策、资源管理利用、知识转化等，并对大量显性知识和隐性知识进行加工和处理。具体讲，服务层秉持价值共创这一理念，由图书馆员和用户对各类有用知识资源进行集成和加工，合力打造符合用户需求的方案。

3. 流程层

流程层即呈现价值共创全过程。具体来看，流程层模式能清晰地呈现图书馆知识服务的全过程，包括价值共创出现的环节、价值定位与价值增值优化的流程等。

在整个过程中都会涉及知识服务人员，所以图书馆在知识服务过程中，价值共创这一直接要素——知识服务人员素质在整个过程中起到了至关重要的作用。一是用户对图书馆员知识服务提出了要求，图书馆员基于对用户的充分交流，作出需求诊断和价值判断；二是图书馆员搜集和整理与用户需求有关的各类信息资

---

① 朱纯琳. 基于数据流动的图书馆智慧服务生态系统构建研究 [J]. 图书馆，2021（01）：49-55.

源，并对这些信息资源进行整合，组织服务人员进行工作，最后形成解决方案，完成决策服务，再由用户来判断方案是否满足自己的需求，形成对图书馆知识服务能力的评估，这一环节就是价值共创互动环节；最后，图书馆对方案执行结果进行跟踪并及时获取用户反馈。这一流程层能否顺利实施，关键在于图书馆员和用户之间能否进行多次交流。

在这一过程，互动与对话是各方创造最佳价值必经的途径，图书馆以价值引导者的身份，用户以合作者的身份，分别以提供需求为导向设计价值共创决策过程。若各方在协作中不能主动地对现有资源进行整合，则价值共创终将难以实现。价值共创流程层及其需要的数据信息资源，是图书馆开展知识服务，进行价值共创的重要活动。图书馆作为价值共创的组织者，有必要对有关资源进行鉴别、发掘、搜集与整合，从而实现价值创造。图书馆还需确定并动员馆外资源以找到可以得到用户认可的方案。

4. 支撑层

知识服务价值共创的外在环境、内部平台及其他基础建设是价值共创实现的动力。在此基础上搭建支撑层，离不开组织结构与资源层面的支持。对图书馆而言，价值共创的组织架构与资源，是开展知识服务价值共创的基础与前提。图书馆资源主要由实物资源和人力资源构成，实物资源主要由馆舍资源和设备资源组织架构构成。在图书馆各种资源中，人力资源最为重要，而图书馆员作为知识服务价值共创的主体和知识服务供给的关键，他们参与知识服务产品的生产、加工和价值共创平台建设等环节，这关系到图书馆价值共创战略的制定和成效。图书馆员在知识服务产品共创与供给过程中应具备很强的职业能力、专业能力和技术能力，并且要有探索精神、创新与合作意愿以及实践技能。在数据生态环境主导下，大数据技术环境、组织机构竞争环境以及政策环境等因素，均会对模式运行产生影响。

服务蓝图法有很多优势，其中包括直观展示、交流便捷、通俗易懂、功能多元、灵活多变等，这种模式的呈现与诠释，倾向于价值共创服务主体——图书馆与馆员，其更易于学习、应用乃至纠正价值共创步骤来适应特殊需要。服务蓝图模式让服务设计人员对各个环节都能有深刻的认识，同时也能将用户的行为与过程联系在一起。

它的功能体现在：

（1）促使图书馆对知识服务进行全面、详细和准确的理解，并对价值共创过程进行有针对性设计，以更好地适应用户需求；

（2）有助于图书馆在知识服务中构建完善的价值共创程序和明确的服务职责，有的放矢地开展员工培训和构建价值共创人才资源；

（3）帮助图书馆了解各个部门在价值共创过程中所起的作用与功能，并提高各个部门的协调性；

（4）有助于图书馆在服务价值共创过程中对用户进行有效的引导，产生积极的促进作用，厘清服务控制要点，使服务提供过程更加科学合理；

（5）有利于厘清知识服务价值共创过程中存在的薄弱环节与失误节点，并进行有针对性的反馈与完善，以提升知识服务质量与价值共创成效。

基于构建图书馆知识服务价值共创的理论模型和共创过程，本书将以图书馆知识服务价值共创模式为基础，提出对策和建议，以实现和完善图书馆知识服务价值共创。

（四）服务价值共创对策分析

从理论上看，当前国内外学者对图书馆知识服务进行了大量研究，但对图书馆知识服务中的价值共创研究却很少，而且尚未形成相对体系化的理论，研究不够系统深入。从数据生态视角出发，研究图书馆知识服务价值共创概念，实质上就是要通过全面考量图书馆用户行为、知识服务价值共创平台以及价值共创方式等因素，建构以用户为主体，注重用户参与，价值创造与知识贡献相结合的图书馆知识服务价值共创模式，这一模式的内涵与外延需要利用大量研究加以证明。只有先建构一个完整的理论体系，并在多元研究视角下对研究问题与目标进行概括，才有可能对后续研究起到理论指导作用。然而，当前图书馆知识服务价值共创的相关研究还处于萌芽状态，并缺少相关的理论支撑。

从实践上看，虽有国家科学图书馆等满足价值共创要求的实践主体存在，但现阶段图书馆知识服务价值共创在实践中尚不成熟。众多公共图书馆、高校图书馆所形成和推广的用户服务理念，使得它们纷纷借助超星移动图书馆、微信公众平台搭建服务平台，但社会价值共创理念与实践进展总体上相对落后，知识服务还停留在提供针对数字信息的查询、获取等简单操作水平上，在用户不断增长的个性化服务需求和商业化知识服务组织机构竞争激烈的情况下,已显现出力不从心的状态。图书馆知识服务中价值共创的相关实践还存在许多不足,需要更多的图书馆开展相关领域的探究,并从实践中总结经验教训,为更多图书馆知识服务开展价值共创工作提供指导。

从上述分析中可以发现,图书馆知识服务实现价值共创有其合理性及必要性,但也有理论及实践支持的缺失。本书通过概述影响图书馆知识服务实现价值共创的因素模型及实现方式,并在此基础上探讨数据生态环境、图书馆知识服务价值共创实现对策,以期为今后图书馆知识服务实现价值共创提供帮助。

1. 借助互动平台聚合用户能量

图书馆作为价值共创的指导者和组织者,有必要借价值共创平台来实现其角色职能。

(1) 借助开放的图书馆资源共享服务平台

在数据生态环境下,图书馆信息资源既包括文献信息资源、数字资源、多媒体资源,又包括网络信息资源,这对图书馆信息资源体系建设来说具有一定的难度。具体来看,在图书馆信息资源体系建设过程中,经常会出现几点问题,如馆藏资源零散、知识关联不强;图书馆现有馆藏资源利用率较低;馆际互借平台并没有解决各馆资源建设中共享度低的问题。

数字化技术为图书馆知识服务构建了一个信息资源知识网络,通过该网络,图书馆可以集中管理和重组已有的馆藏资源,从而帮助用户发现更多可利用资源,获取更多、更深层次的知识,实现知识的再利用。另一方面,借助平台的用户数据库,图书馆可以获取用户的行为信息,并通过信息分析主动感知用户的知识服务需求,为图书馆提供参考和指导,从而帮助图书馆寻找用户真正需要的资源,避免浪费。

由于数据技术的复杂性,特别是大数据服务的实施难度较高,因此不同图书馆之间可以进行互动和交流,以推动不同服务主体之间的价值交换,促进技术和资源信息的共享,从而推动图书馆之间的合作与共享,实现价值共创。

(2) 构建全面的图书馆知识服务价值共创平台

数字化技术和信息工具,是构建和维护图书馆知识服务价值共创平台的重要支撑。数字化技术主要是指云计算、大数据和密码技术等,信息工具则包括数据库、知识库和数据挖掘工具等。借助数字化技术和信息工具,确保图书馆知识服务平台的开放性、兼容性、易用性、安全性和扩展性,从而打造一个集感知、整合、挖掘、分析和共享于一体的知识服务价值共创平台。

2. 注重服务价值提升用户体验

图书馆知识服务的价值共创在于促进价值主体之间的有效沟通和对话,从而实现双方的共同发展,而非仅仅是单向的服务推广。当前,我国图书馆在知识服务过程中存在对价值共创理念认识不足等问题,导致知识服务质量难以得到保障。因此,图书馆应致力于提供卓越的服务体验,积极与用户进行互动交流,以促进用户共同创造价值。

(1)开展主动的图书馆资源推荐及推送服务

图书馆提供资源推荐服务,将被动接受用户寻求知识服务转化为主动提供针对性强的服务。目前,绝大多数图书馆都采用社交媒体公众平台等方式开展推荐服务,主要包括内容推荐,其涵盖热点活动推荐、阅读主题推荐等多种形式,并以检索、链接等为主要获取途径。这类推荐服务的推荐范围仅限于资源获取途径,因此未能深入挖掘内容,同时也存在同质化现象,即所有用户都共享相同的推荐内容,未能充分体现个性化或针对性的优势特征。

通过利用互动层的价值挖掘,图书馆可以提升推荐服务的知识性和针对性。利用大数据技术,可以对海量的馆内和馆外资源进行精准筛选,同时,那些未被充分利用的非结构化信息也可以被快速挖掘,以增加资源内容的维度和知识关联性。在充分构建引文网络和相关性网络的基础上,进行大数据挖掘和分析,以识别用户的各种信息行为,并对需求不同的用户进行标签化处理。接着,以分组的方式为用户推荐更具针对性和个性化的资源推送,以提高用户黏性,从而吸引更多的价值共创客体。

(2)优化人员配置

无论是数据生态环境理念,还是价值共创理念,均对图书馆馆员有较高要求。知识服务人员除了要有坚实的专业技能外,还必须要有过硬的实践技能,才能更好地利用数字化技术,挖掘用户资源,从而提升知识服务的质量与水平,更要对知识服务的价值共创理念与技术基础进行研究与理解,以便更好地结合业务实际需要对数据资源进行针对性利用。在人员配备上,当前图书馆知识服务人员多为研究型馆员，高水平专业技术人员匮乏，尤其是网络软件应用技术领域，图书馆的许多优秀成果和数据获取技术很难运用到实际工作中，所以在知识服务中运用数据思维与大数据技术进行价值共创是非常有必要的，会显著提高馆员的数据素养，进而推动高校图书馆知识服务人才服务价值与知识价值增值。

3. 聚焦共创流程，优化服务设计

作为价值共创研究的基本点，图书馆知识服务中的价值共创流程不仅把图书馆和用户联系在一起，而且把知识服务中的各因素融合在一起。由于图书馆在价值共创流程中扮演组织者的角色，因而有必要在图书馆知识服务价值共创这一流程，对资源进行鉴别、搜集和整合，从而实现价值共创。

基于图书馆层面的分析，有必要对价值共创流程进行整体规划，并建立相应的标准，使价值共创在图书馆发展中的作用上升至战略层次，整体规划图书馆知识服务价值共创机制。在确定了图书馆知识服务价值共创的发展目标后，应由决策机构编制相关的发展方案，并对图书馆知识服务价值共创构建所涉及的标准进行统一。只有进行整体规划并完善规范，才能够为图书馆与用户提供一个清晰易懂、容易践行的图书馆知识服务价值共创体系。

图书馆要重视用户的价值主张和资源，如用户当前的资源状况、需求信息等，进而提出能为用户所接受的解决方法，建立值得信任的知识服务价值共创品牌，促进用户对所掌握信息资源的可用性和安全性认知，在维系用户忠诚度的前提下，以优化服务体验的方式创造更优质的使用价值。

第三节　阅读推广服务模式

一、图书馆阅读推广服务的一般模式

随着全民阅读热潮的兴起，阅读推广已经在全社会广泛展开，各个社会层面都积累了丰富的实践经验。随着时间的推移，越来越多的人开始意识到，阅读推广作为一项高度实践的专业活动，要想实现更好的发展和更长远的目标，必须建立在系统的理论基础之上，因此，学术界对于阅读推广的理论研究也呈现出蓬勃发展的态势。

（一）用户—专家—推广者

在用户—专家—推广者这一模式中，专家被视为该模式的渠道，由图书馆作为推广者对学生等用户进行推广。该模式主要以专家全方位的讲座为主，学生参与为辅，知名专家引导学生进行正确阅读，或对图书馆的信息资源进行讲解介绍，以提高学生的阅读兴趣。

1. 以高校图书馆组织的专家讲座为渠道进行推广

高校图书馆与学校各部门紧密合作，积极促进各年级学生参与阅读推广讲座，以提高他们的阅读素养。以"书香校园"为主题，结合自身优势开展系列阅读推广活动。高等院校的图书馆邀请来自各个部门的专家，分享他们在阅读过程中领悟到的做人做事的道理以及传承和弘扬传统文化。这类由高校图书馆主办的演讲，为读者提供了更加深入了解图书馆独特资源的机会，同时也显著提升了在校学生的阅读和信息利用能力，成为高校图书馆推广阅读活动的重要组成部分。

举例来说，为了提高图书馆文献资源的利用率，满足全校师生在教学、科研和学习过程中对文献信息资源查询和利用的需求，深圳大学图书馆参考咨询部将定期或不定期举办"信息素养教育"系列讲座，邀请来自各大图书馆的杰出馆员以及全国各领域的权威专家担任主讲。

2. 以校外阅读推广专家为渠道进行推广

高校图书馆邀请著名的阅读推广专家，对大学生的阅读行为、图书选择等一系列问题进行深入探讨和解析，讲座将为高校学生提供积极参与阅读推广活动的机会，从而促进他们的阅读行为。

举例来说，在郑州财经学院，张怀涛老师作为河南省图书馆学会的副理事长，发表了题为《在经典中畅享阅读之美》的专题读书报告。他结合自己多年来从事高校图书馆工作和研究的体会，就如何利用丰富资源，提高大学生对经典的喜爱度进行阐述，并提出了一系列有针对性的建议。此报告旨在通过生动活泼的演讲，向在校师生传达开展阅读推广活动的意义以及经典阅读的价值，以期让他们深刻理解阅读推广活动的意义。

（二）用户—平台—推广者

高校图书馆最常采用的阅读推广模式便是用户—平台—推广者的模式。高校图书馆在开展阅读推广时必须要考虑自身资源以及学生需求等多方面的因素。高等教育机构作为推广者，可以通过建立完善的平台或建设活动平台来推广需要推广的内容，从而营造积极的校园氛围，提高读者的阅读兴趣，同时，许多高校图书馆也将打造独具特色的品牌。

1. 以构建校园文化中心平台为渠道进行阅读推广

校园文化中心平台的重要组成部分，包括读书节、读书月等活动，这些活动为学生带来了丰富多彩的阅读体验。作为一个文化品牌，每年的读书节都会有许多创新和亮点。每一届读书节都在传承经典节目的基础上，注入新的创意元素，以推动阅读推广活动的发展和壮大。自1995年起，每年的4月23日被定为"世界读书日"，各大高校的图书馆都会推出各种形式的阅读活动，旨在为全校师生提供图书推荐服务。

举例来说，作为郑州大学的校园文化品牌，自2010年起，郑州大学读书会便与多个院系合作举办各种读书活动，旨在激发学生的阅读热情，提高他们的阅读水平。"青椒书话"是由读书会主办的互动读书沙龙，它以"精英、经典、精品"为目标，逐渐成为学校师生交流学习、相互探讨、提升修养、开阔眼界的平台。"青椒书话"通过"读后感"和"书评"等形式将优秀图书推荐给师生，并鼓励大家积极参加读书交流活动。在"青椒书话"中，杰出的年轻教师被邀请来分享他们的阅读感悟，这让同学们在温馨的氛围中获得启示。

2. 以构建线上线下图书推荐平台为渠道进行阅读推广

2003年11月，南京举行了首届"中国人文教育高层论坛"。在这个论坛的基础上，2003年11月起，河南省高校图书馆情报工作委员会发起了"阅读文化经典，建设书香校园"的活动，该活动已在河南省多所高校展开。该活动的主要目的是让学生多读书、读好书、好读书，培养学生良好的学习习惯，提高他们的综合素质，推动大学生的全面发展。截至2017年，河南省内的高校一直在积极推进这一活动，它不仅加深了高校学生对阅读推广活动的理解，同时也激发了他们对文化经典的阅读热情，提升了在校学生的文化修养。

为响应高校图书馆情报工作委员会的号召，河南师范大学开展了以"阅享经典 书香师大"为主题的好书推荐活动，这一活动在全校掀起了阅读热潮。图书管理员和学生一起参与到推荐书目活动中来。全校师生积极参与院长荐书、学子荐书等环节，这对师生之间的友谊发展起到了推动作用。

3. 以构建读者演绎平台为渠道进行阅读推广

在众多图书馆推广阅读方式中，使用最广泛的就是读书交流，虽然这种方式并不特别，但却受到了广大师生的热烈欢迎，并且在阅读推广活动中占据了一定的地位。一般而言，读书交流可分为两大类：（1）随意交流型。此类交流会通常是学生们自发组织起来的。交流会的初期，会通过微博和微信公众号平台发布主题，主持人在现场引导参与者进行交流。这样的交流会可以让更多人参与其中，有利于促进知识共享和信息传播，但也存在交流不足等问题。(2) 深度交流型。以参加交流会的学生为主体，运用PPT等多种形式深化交流，扩大交流领域，促进知识的传播。将情景剧表演、视频资料播放等一系列要素与交流会相融合，呈现出更加生动形象的阅读推广活动，从而进一步提高对读者的吸引力。

举例来说，郑州大学图书馆将舞台剧表演、视频资料播放等元素融入阅读推广活动中，使得该活动深入人心，同时也激发了学生读者对阅读推广活动的浓厚兴趣，积极推动高校图书馆阅读推广活动的蓬勃发展。以情景表演平台为渠道的推广模式，应当掌握活动开展的主导权，以使其更贴近生活。同时，由于高校大学生对新鲜事物的敏感度较高，这类读书会也受到了高校学生的青睐。

4. 以构建图书互助平台为渠道进行阅读推广

在20世纪60—70年代，欧洲的"图书漂流"这一活动为读者提供了多种选择，读者可以在多个地点寻找所需的图书，阅读完毕后，可以将其随意放置在任何公共场所，而下一个读者则可以将其取走，继续享受阅读的乐趣。图书漂流是一种以书籍为载体，让人们与书籍互动的活动，其目的在于通过图书这一媒介来实现信息交流和知识共享。

2011年4月21日起，郑州大学图书馆在庆祝第十六届世界读书日时，开放了河南省第一个规范的高校漂流图书阅览室，这也让大学文化迈上了新台阶。漂流书是由学生自主选择的，在漂流过程中，读者只需将已阅读完的图书贴上标签并制成书卡，然后将其投到图书漂流会，即可轻松完成漂流图书的借阅。

（三）用户—网络—推广者

随着科技的不断进步，高校阅读推广已经进入新媒体时代，通过微信、微博等社交媒体，以潜移默化的方式影响学生的阅读习惯，从而更好地满足学生读者的需求。用户—网络—推广者模式以网络媒体为媒介，深入学生读者的日常生活中。高校图书馆是信息资源集散地，在阅读推广方面发挥着重要作用。当前，多所高校的图书馆已启用微信公众平台，使读者能够通过该平台获取图书馆推荐的新书并提供书评，从而促进读者之间的积极互动。

高校图书馆与学生之间存在着非常密切的联系，在开展阅读推广时，要考虑两者之间的互动因素。当前，学生获取信息的平台主要有微信、微博、百度百科等互联网交互平台，而高校图书馆可以通过这些平台发布数据来推广阅读。当前，各高校的图书馆正在构建自身的网站和社交媒体平台，主要目的是促进信息交流。除了提供最基本的阅读书目外，网站还将在校大学生、教师等群体结合在一起，以促进双方在阅读方面的心得分享。因此，为了使用户更方便地获得相关信息，提高用户对图书馆服务的满意度，就需要构建完善的校园移动服务平台，让图书馆成为师生之间沟通交流的桥梁。清华大学图书馆推出的虚拟实时咨询模式，以及智能聊天机器人"小图"，为学生提供了一种高效的查询图书馆知识、馆藏图书等信息的方式，同时，在学习的过程中，学生还可以与"小图"进行深入的谈话和交流。

二、基于智慧图书馆技术的图书馆阅读推广模式

（一）阅读推广资源知识化模式的具体构建

1. 阅读推广资源知识挖掘模式构建

在推广公共图书馆的阅读活动中，最为重要的两类资源一是书籍、文献、期刊等资源，二是读者信息资源，包括读者的阅读行为、阅读规律以及心理偏好等。两者相辅相成、相互促进，共同构成了公共图书馆阅读推广服务系统的基本框架。深入挖掘和有效利用这两类资源，是公共图书馆持续、全面开展阅读推广工作的重要前提。随着数字技术的飞速发展和互联网时代到来，人们获取知识的方式发生了巨大变化，而数字化阅读也成为一种新的趋势。为了满足读者日益增长的个性化、差异化阅读需求，以及更好地预测阅读推广的发展趋势和发展内容，研究阅读推广模式的关键在于整合和升级书籍、文献期刊等资源，并对读者的

阅读行为进行深入分析。

近几年，国家政府以及省级地市级、县级等各级政府机构对教育和阅读推广越来越重视，我国公共图书馆的馆藏资源数量也正在不断增加，同时可用于阅读推广的资源数量急剧增加，但是，在公共图书馆的阅读推广开展过程中，读者实际阅读和接触的资源少之又少，造成了公共图书馆在阅读推广中资源的极大浪费。同时，在阅读推广活动中，公共图书馆缺少对读者阅读行为规律的分析，没有抓住时代发展下读者的阅读特点，没有满足读者的个性化、差异化阅读需求，这也进一步反映出构建阅读推广资源的必要性和重要性。①

2. 基础信息库的构建

（1）阅读推广资源信息库的建立

建立阅读推广资源信息库是构建整个阅读推广服务模式的基石，同时也是一项极具挑战性的任务。在当前社会背景下，如何有效地整合各种信息和知识来提高全民文化素质，成为公共图书馆面临的新课题。建立信息库是整个服务模式运转的基石，是一项具有基础性和艰巨性的使命。目前国内公共图书馆的阅读推广资源信息库建设还处于起步阶段，没有形成完善和有效的体系。公共图书馆要实现长期、持续的阅读推广机制，必须建立一个完备、系统的资源信息库。建立阅读推广资源信息库所需的基础数据可分为三大类，包括数字图书馆资源、网络资源以及其他共享资源，例如图书情报机构所共享的资源。

（2）阅读推广读者信息库的构建

在阅读推广的过程中，读者信息是一项至关重要的资源。读者信息库作为一种有效地管理和利用图书情报资料的手段，能够为图书馆开展各种服务提供参考依据。通过建立一个完整的读者信息库，我们可以在充分挖掘的基础上，深入了解读者的普遍需求、差异化需求以及个性化需求，从而制定出有针对性的阅读推广方案和活动。对读者信息数据的分析可以划分为三个类别，以便建立一个读者信息库：第一类是用户的固定信息，例如读者的姓名、性别、民族、年龄、教育程度和地址等，这些信息可以为图书馆开展针对不同类型读者的服务提供参考依据。第二类，记录读者的阅读行为信息，包括访问次数、Web停留时间、下载次

---

① 赵发珍，杨新涯，张洁，等. 智慧图书馆系统支撑下的阅读推广模式与实践[J]. 大学图书馆学报，2019，37（01）：75-81.

数和图书点击率等静态数据,这些数据可以通过跟踪日志和 Web 日志进行记录。第三类是读者在借阅过程中产生的个性化的信息,如借阅时间与地点、借阅内容和形式等等。动态信息涵盖了读者对书籍推送的响应频率、读者的年龄、性别比例等多个方面的信息。通过分析这些基本数据资料,可以挖掘出读者更深层次的需求与偏好,从而提高图书馆的个性化服务能力,促进图书馆资源建设的发展。

3. 知识挖掘与阅读推广资源知识化

(1)阅读推广资源知识挖掘与知识库的建立

利用知识挖掘技术,将阅读推广资源信息库中的海量数据资源进行横向和纵向的深度融合,进而实现数据分析和知识挖掘,最终实现对知识的聚类分析。根据图书馆用户需求,建立基于数据挖掘技术的阅读推广资源数据库。通过运用一定的知识挖掘算法和工具,对各类知识之间的语义关联、主题关联以及馆藏之间的借阅信息关联进行深入分析,从而实现阅读推广资源之间的有效知识关联,为读者提供更加丰富多彩的阅读选择。通过对图书馆文献信息资源进行分类组织,使其能够在不同类别下实现相互转化,并最终得到具有个性化特征的服务。通过对阅读推广资源进行深入挖掘,我们可以建立馆藏资源之间的紧密联系,从而为读者提供更多类型的阅读资源,并形成一个全面的知识库。

(2)读者信息资源的知识挖掘与读者画像的建立

首先,我们需要对读者的阅读需求进行深入挖掘,以便更好地满足他们对知识的需求。读者的阅读需求可被归纳为三个方面,即当前的阅读需求、模糊意识中的阅读需求以及未被察觉的潜在阅读需求,这三方面共同构成了未来阅读的趋势。通过挖掘读者的需求信息和访问行为,推断出读者潜在需求,这些需求可能是读者未表达或未意识到的,从而预测读者需求的变化趋势。

其次,我们需要深入挖掘读者的阅读行为,以阅读推广对象信息库中的基本信息为基础,运用数据筛选、分析、整合、关联分析和聚类分析等方法,深入挖掘读者的心智模式、心理特点以及阅读行为规律,进而对所挖掘出的读者的心理偏好和阅读行为方式等进行全面评估和分析。为了满足每位读者独特的需求,我们将提供个性化、人性化、针对性强的阅读推广模式,包括不同的推荐内容展示形式和人机交互方式,以满足读者的个性化体验需求,从而激发他们的阅读兴趣并培养终身阅读习惯。

4.关键技术

（1）数据库相关技术

随着互联网时代和大数据时代的发展，数据库相关技术已成为一项必不可少且至关重要的技术，其中包括数据库框架设计和存储计算等计算机技术。在当前社会中，随着人们生活水平的提升，对信息资源需求逐渐增多，而数据库则是信息资源收集及管理的重要工具。通过运用数据库相关技术，我们能够高效地存储、组织和研究大量数据，同时也能够实现数据的集中采集和技术性分析等任务。

首先，数据库所具备的独立属性是不可忽视的。当数据库中的数据含义、数据项甚至数据的种类发生变化时，其逻辑独立性表现为不需要对数据库的源代码进行调整，并且可以使数据库的逻辑框架随着数据的变化而发生相应的转变。物理独立性则体现在进行数据库分析时，数据库架构发生变化，不会对应用程序或应用软件产生任何影响。

其次，数据库具备共享特性。建立数据库的重要目标是实现数据的跨区域、跨组织共享，以促进信息的共享和互通。

最后，数据库具有组织特性。因此，在建立数据库系统时需要对数据库进行合理的划分和设计，以满足不同用户需求，提高系统性能。数据库中的各种数据和数据表紧密相连，形成了相应的组织结构形态。NoSQL数据库技术是当前最新的数据库技术，它颠覆了传统的关系型数据库的关系模型，以一种自由的方式存储数据，并提供了全新的访问接口，从而克服了传统数据库存在的多种缺陷。

（2）数据挖掘技术

数据挖掘技术作为一种核心技术，以其高效的数据信息利用、数据分析和价值发现能力，成为知识挖掘和知识发现的重要组成部分。数据挖掘在很多方面都有着广泛的用途。数据挖掘能够从数据库中的数据集合里提取出那些隐藏的、有价值的信息，这些信息可以表现为规则、概念或模式等形式。随着社会经济的快速发展，人们对事物变化的认识越来越深刻，对事物变化的规律和趋势有了更加深入的了解，这使得数据挖掘技术得到广泛运用。通过运用数据挖掘技术，我们能够提取出有价值的信息，并将其应用于未来的决策和趋势预测等研究领域。在数据挖掘的整个流程当中，最基本、最为核心的就是挖掘过程。在进行数据挖掘时，必须事先明确挖掘的目标、任务和方法，以确保挖掘的准确性和有效性。在数据挖掘领域，关联分析法、人工神经网络、决策技术以及遗传算法等统计方法和机器学习技术被广泛运用。

（3）知识挖掘技术

知识的挖掘实际是通过对已有数据和已有知识进行深入挖掘，从而在特定目标下形成全新的知识体系。它以特定用户的阅读需求为核心，将读者所需要了解的知识或经验等相关内容收集起来，经过整理加工后作为一种资源加以利用。通过对读者的阅读需求进行收集、数据处理和分析，并结合已有的知识，我们能够帮助读者发现新的、潜在的需求，这些需求读者之前并不了解。知识挖掘就是将图书馆中积累起来的历史数据以及相关的文献资料等转化成对用户具有参考价值的、能被读者所接受的新知识的过程。数据的数量庞大且存在噪声，缺乏一定的规律性。然而，通过知识挖掘和分析，我们可以提取出具有一定知识性和有用的信息。目前主流的知识挖掘算法涵盖了有序列模式算法、聚类分类算法、混合学习算法以及灵活模式的知识挖掘算法，这些算法在不同领域都有着广泛的应用。

（二）阅读推广服务智慧化模式的具体构建

1. 阅读推广服务智慧化模式框架构建

公共图书馆作为我国阅读推广的中坚力量和引领者，在阅读推广活动中扮演着至关重要的角色。随着互联网技术和移动网络的不断发展进步，公共图书馆的阅读推广工作已经进入一个新阶段，为了有效地提升公共图书馆阅读推广效率，实现阅读推广的智能化服务模式，公共图书馆需要建立起广泛互联、融合共享的智慧化服务网络。

为了实现阅读推广服务的智能化，公共图书馆需要建立一种广泛互联的智慧服务模式，该模式包括馆馆、网网、库库和人物之间的无缝连接。其次还要实现信息资源与知识资源共享，并开展各种形式创新活动，从而为读者提供更加优质的服务，促进全民素质提高。公共图书馆的广泛互联将成为未来阅读推广的重要支撑，同时也将实现智慧模式和服务模式的融合共享，其中包括三网融合、跨界融合、新旧融合以及多样融合。

针对不同的阅读推广主体，需要构建相应的智慧化服务模式，以实现公共图书馆阅读推广服务的微观智能化。

公共图书馆可以根据移动图书馆、数字网络平台和实体图书馆三个不同的主体，构建相应的智慧化服务模式。

2. 以移动图书馆为主体的阅读推广智慧化服务构建

受时间和空间的限制，公共图书馆的资源未能被读者广泛使用，这体现了阅读推广活动的局限性和短期性。因此需要对现有的阅读推广模式进行改革创新，将现代信息科技手段应用于阅读推广中，为广大人民群众提供更多优质便捷的服务，从而提高我国国民的文化素养水平。通过移动图书馆，读者可以随时随地利用公共图书馆的阅读推广资源，同时与公共图书馆及其他读者建立紧密联系，从而实现全民范围内的阅读推广和稳定发展。在移动互联网信息技术的推动和发展背景下，当代公共图书馆的阅读推广模式、读者的阅读需求范围、阅读需求方式以及需求内容均发生了显著的变化。传统的阅读推广模式已经不能满足当代社会对图书信息传播的新要求。移动图书馆能够精准地识别阅读推广对象的需求范围，与其阅读方式相匹配，同时明确读者的阅读需求。因此，移动图书馆的出现对当前传统公共图书馆阅读推广工作带来了极大冲击和影响。随着互联网技术与公共图书馆阅读推广的深度融合，公共图书馆的阅读推广模式和服务水平得到了显著提高。在阅读推广活动中，读者可以利用移动阅读设备如智能手机上的App、Kindle等，通过无线接入的方式随时随地访问公共图书馆，从而提升阅读体验。

为了方便读者获取阅读推广资源，移动图书馆提供了一条高效的通道。即移动图书馆为读者提供了丰富的数字资源，这些资源可以在任何时间、任何地点被读者直接获取。随着互联网技术的发展和普及，移动图书馆的服务模式得到了创新和优化。随着时间的推移，公共图书馆所提供的数字资源不断更新，其种类和数量也在不断扩大。

移动图书馆致力于为读者提供个性化的智慧服务，以满足他们日益增长的知识需求。通过分析高校移动图书馆的优势，提出高校开展阅读推广服务的策略和措施。在阅读推广活动中，移动图书馆提供了多种服务，包括阅读参考咨询、个性化信息推送、阅读资源馆藏查询以及日常借阅服务等，为读者提供全方位的阅读体验。

3. 以网络平台为主体的阅读推广智慧化服务构建

随着数字网络时代的兴起，阅读方式、规模、特征等方面呈现出巨大的变化，这也导致相应的阅读推广模式发生变革。在此背景下，图书馆应根据自身的实际情况和特点，积极地利用数字化技术开展阅读推广工作。一方面，数字图书馆网络平台为读者提供了随时随地的阅读机会，并与其建立了长期而紧密的联系，从而有效地促进了阅读推广的持续进行。另一方面，社交网络的广泛应用，如豆瓣、知乎、人人、微博、微信等，为阅读推广活动提供了社会化的平台。此外，通过互联网上的网站或论坛，还可以实现个性化阅读推广活动。数字网络平台为阅读推广提供了更加灵活的形式、途径，从而增强了其适应性。

基于数字网络平台，全媒体的网络平台可以通过多样化的媒介形态和内容形式，将网络与纸质载体结合起来形成新的信息传播方式——数字平台阅读推广模式。建立公共图书馆阅读推广和移动终端阅读推广客户端，采用全媒体方式，提供阅读推广活动预告、读者交流及留言、培训讲座、真人图书以及新书推荐等多个栏目。借助社交网络技术与平台构建"互联网+"模式下的全民阅读新生态体系。数字网络平台的出现，为阅读推广注入更多个性化元素，从而提升了其推广效果。利用数字网络平台和移动终端，个性化的阅读推广可以通过豆瓣、微博等渠道实现书目和阅读活动信息的推送服务，同时借助相关工具和载体，为读者建立个性化的阅读知识库，方便读者随时进行阅读和查询。个性化的阅读推广能够提高用户与平台之间的互动效率。在满足读者的阅读交流需求的同时，也能够满足他们个性化的阅读需求。随着数字化时代的到来，网络已经成为人们获取信息的主要渠道之一，数字网络平台给读者提供了更加丰富多样的资源，使读者能够随时随地获取各种知识和资讯。数字网络平台为读者提供了一个多元化的交流和讨论平台，使他们可以就阅读书籍等话题进行深入的讨论和意见交流，从而打破了以往单向的阅读模式。

4. 以实体图书馆为主体的阅读推广智慧化服务构建

实体公共图书馆是阅读推广活动的重要载体，随着互联网和信息技术的不断发展，实体公共图书馆将不断发展壮大，呈现出以读者为中心、更加现代化、更加人性化的面貌，为阅读推广活动提供更加贴心的智慧服务和读者体验。在阅读推广活动中，实体公共图书馆每天都会有大量的借阅需求，而智能预约及借阅服务模式的引入，彻底颠覆了传统的书籍预约服务模式，为读者提供了全方位、自助化的书籍预约服务，彰显了自动化和智能化的特点，为读者的阅读带来了极大的便利。利用智能技术搭建预约书架。根据用户提交的图书预约请求以及图书馆管理系统发送的指令，系统能够对读者的图书预约情况进行记录，并且生成相应的电子数据文件供管理人员查看。预约书架上将摆放需要进行预约的书籍，系统将自动亮灯提示已成功预约的读者。用户根据自身情况选择是否打开智能书架上的门禁装置或进入预约书架。当读者成功完成书籍预约并在预约书架区域刷卡后，系统将自动读取读者的个人信息，并将图书馆管理系统中的预约书籍信息与读者的预约信息进行匹配分析，最终返回相关信息。在智能书架上，通过亮灯提示预约书籍的位置，读者在拿到书籍后再次刷卡，即可自动完成书籍的借阅操作。同时，还可以对用户的图书借、还书时间等数据进行记录和查询。通过应用智能预约书架，读者可以更加高效地寻找预约书籍，从而提升图书馆在阅读推广方面的效能。

（三）阅读推广媒介多元化模式的具体构建

1. 阅读推广媒介多元化模式框架构建

图书馆智慧技术所支持的阅读推广媒介，可被归纳为两大类。第一类是以互联网技术为主的基础型阅读推广媒介，由公共图书馆提供的移动 App、数字网络平台和实体公共图书馆三个组成部分构成。第二类阅读推广媒介属于拓展型，包括新媒体平台（如微博、微信等）、基于新媒体技术的阅读推广媒介，以及基于可穿戴设备的阅读推广媒介。这类新型阅读推广媒介在满足了传统阅读人群对知识获取渠道多样化的诉求之外，还能够提升公共图书馆的信息服务水平与社会影响力。当今，基于先进技术的拓展型阅读推广媒介已经成为一种符合当代读者阅读方式的选择，特别是在满足年轻一代的阅读需求方面表现出色。公共图书馆的全民阅读推广活动，将以基础型阅读推广媒介为基石，以拓展型阅读推广媒介为新生力量，全面推进，从而实现阅读推广的参与度和满意度，这具有至关重要的意义。

2. 新媒体平台阅读推广媒介

在阅读推广方面，新媒体平台扮演着不可或缺的角色。新兴的社交媒体平台，涵盖了博客、微博、微信等各类移动应用程序，以及维基、豆瓣、优酷等社交网络平台。这些新媒体平台都有着丰富而有效的阅读资源和服务方式。利用新媒体平台发布书籍借阅信息和阅读活动信息，并及时接收读者的反馈和疑难解答，可以显著提升读者参与阅读推广的积极性和持久性。此外，通过新媒体平台还能够对书籍资源进行全面的了解，从而为更多的人提供更好的图书推荐服务，进而提高书籍资源的利用率。此外，借助新媒体平台，我们可以广泛联合社会各界的力量，包括但不限于广告商、电子书商和互联网公司等，以推广阅读活动。在此背景下，许多图书馆都开始尝试运用新媒体平台开展阅读推广工作。为了方便读者的阅读行为，广东省中山公共图书馆利用微信社交软件创建了一个微信公众号，提供了馆藏查询、信息查询、阅读推广活动关注以及附近图书馆等多种功能。新媒体平台作为阅读推广的一种方式，利用读者日常生活中广泛使用的社交软件和网络平台，显著提升了读者的参与度和兴趣度。图书馆阅读活动的推广和扩散得以实现，阅读活动能够更广泛地渗透每个人的生活中，实现了一种与读者随时随地互动的阅读方式，从而有助于改善和提升阅读推广活动的效果。

3. 新媒体技术阅读推广媒介

数字图书馆的阅读推广活动正逐渐引入越来越多的新媒体技术，以满足读者日益增长的阅读需求。在数字图书馆的建设过程中，如何有效地对数字图书馆开展阅读推广活动是一个亟待解决的问题。IPTV 技术以其融合宽带有线电视网、互联网、多媒体、通信等多种技术，为家庭用户提供数字电视等多种交互式服务的特点，成为数字图书馆推广阅读的重要技术支持，近年来 IPTV 技术的不断发展为数字图书馆阅读推广服务奠定了坚实的基础。利用该技术，数字图书馆成功实现了向读者推广馆藏资源和阅读信息的目标。在开展阅读推广活动之前首先要对图书馆进行全面的了解，这样才能使这项工作更加顺利地完成。如今，IPTV 技术已经深入普通百姓的日常生活中，图书馆只需与相关部门紧密合作，即可借助 IPTV 技术将图书馆的各种资源输送给广大民众。电视的普及程度极高，深受大众喜爱。因此，电视是目前人们主要收看的媒体之一，电视在我国有着很大的受众量，而且随着科学技术的进步，电视的播放形式也越来越多样化，这都给人们带来了极大便利。利用电视进行广泛传播，是一种行之有效的方式。为满足弱势群体的阅读需求，我们提供了数字电视途径，让读者随时随地获取和阅读馆藏资源，实现了自主学习、自主阅读和生活阅读的有机结合，从而真正实现全民阅读。

4. 基于可穿戴设备的阅读推广媒介

构建智慧图书馆和新时代阅读推广有效机制的重要手段之一，是基于可穿戴设备的推广媒介。利用可穿戴设备作为阅读推广的扩展媒介，公共图书馆能够全面感知阅读推广活动，全面搜集读者信息，并智能化地提供阅读推广服务。

运用可穿戴设备作为阅读推广媒介，我们能够全面感知阅读推广活动的各个方面。在此基础上构建一个以读者需求为主线的阅读推广媒介系统模型，并通过该平台进行相关服务功能开发。利用可穿戴设备作为阅读推广媒介，结合公共图书馆的物联网技术、RFID、传感器设备，用户可以全面感知和及时获取公共图书馆馆藏资源、图书阅览室、会议室、馆员等一系列资源信息，同时也为专业人士和馆员提供了全面、实时监控和管理阅读推广活动的途径。对可穿戴设备中的数据进行智能化分析和处理，我们可以实现人人相连、人书相联、书书相联等多种智能化模式，从而为未来的阅读推广活动提供强有力的支持。

运用可穿戴设备作为阅读推广媒介，我们可以实现对读者信息的全面收集和分析。可穿戴设备为用户提供了更丰富、更个性化的服务方式，使得阅读推广更便捷化、智能化。可穿戴设备以其与用户近距离、长时间的接触方式，为用户信息的收集提供了便利。因此，可穿戴设备在图书馆阅读推广工作中有着巨大的应用潜力。可穿戴设备在公共图书馆的阅读推广活动中扮演着至关重要的角色，它可以收集并储存以及实时分析读者的兴趣爱好、书籍偏好、阅读习惯、阅读行为以及潜在读者的心智模式、生活习惯和社交活动等数据，从而全面了解阅读推广对象，准确获取读者的阅读需求，提出满足读者需求的阅读推广模式。

采用基于可穿戴设备的阅读推广模式，我们可以实现阅读推广服务的智能化，从而提高用户的阅读体验和满意度。通过广泛搜集、分析读者信息以及全面感知公共图书馆资源，基于可穿戴设备的阅读推广媒介在阅读推广活动中为老年人、儿童、残障人士等弱势群体提供符合其需求的适当服务，并及时提供意见和方案，从而实现阅读推广服务的智能化。

（四）阅读推广活动规范化模式的具体构建

1. 阅读推广活动规范化模式构建框架

为了推广规范化的阅读活动，必须首先进行读者阅读需求的搜集和分析，并根据这些需求制定出具有创新性和明确性的推广主题，同时在推广过程中不断修正主题；其次，对于已确定的阅读推广活动和主题，需要进行全方位的宣传和推广，同时进行阅读推广的前提准备工作以及阅读推广活动的展开工作；最后，要对阅读推广所带来的成果和影响进行全面的评估和反馈，并对整体阅读推广工作进行经验总结。在当前智慧图书馆的发展趋势下，我们需要在阅读推广活动中注重智慧图书馆理念的应用，建立监督评价机制，以及为阅读推广智慧读者提供培训。

2. 智慧图书馆"智慧理念"的运用

为了推动阅读推广活动的发展，必须建立与智慧图书馆相适应的发展方向和内容。智慧图书馆的理念在阅读推广活动中得到积极的融入和应用，这对于智慧阅读推广的进一步发展具有至关重要的意义和价值。利用 So Lo Mo 技术，将社交、本地化和移动三大元素相融合，为用户提供个性化、实时、位置感知服务，从而推动智慧图书馆的发展，促进阅读推广活动的宣传。此外还可结合新媒体等多种渠道进行阅读推广活动宣传工作的创新。

在阅读推广活动的宣传工作中，借助社交化的软件、平台和人际关系，可以加强阅读推广活动的推广力度。本地化的阅读推广活动，可以更贴近当地读者的需求，提高阅读推广活动的深度和广度。同时也可以利用微信公众号等工具，让更多人了解图书馆信息及相关知识。最终，借助网络和 App 实现全民参与的阅读推广活动，有助于提升阅读推广活动的参与度。

3. 阅读推广活动规范化监督评价机制构建

为确保新模式下的阅读推广活动顺利开展，必须建立一套规范化的监督评价制度。在对阅读推广活动进行监督时，需要从多个维度出发，以确保监督评价的全面性与准确性。在阅读推广活动的过程中，监督和评价是至关重要的组成部分。例如，在评估阅读推广活动的绩效时，需要对阅读推广资源的利用效率、读者参与度、活动的广泛性以及影响的内容进行深入分析。阅读推广活动监督与评价制度的构建需要以科学发展观为指导，通过对阅读推广活动的有效监督和正确评价来确保阅读推广工作顺利进行。在推广阅读活动的过程中，公共图书馆应当充分发挥自身的优势和功能，借助微信、微博等社交软件以及数字图书馆、移动图书馆等多种媒介，建立起一套规范化、切实可行、适合于新模式的监督评价机制，从而不断推动阅读推广活动的顺利开展。

阅读推广新模式主要有微信公众平台、微信群、微信社区、手机客户端、微信朋友圈等几种类型。为确保基于新模式的阅读推广活动的顺利开展，必须建立和完善我国的法律保障制度和体系，以保障阅读推广的合法性和可持续性。从我国现有阅读推广活动现状来看，阅读推广是一项具有长期性、复杂性和艰巨性特征的工作。相较于国外，我们在阅读推广领域法律法规建立方面的能力尚有较大提升空间。在阅读推广活动的实践过程中，有关部门应尽快制定并完善相关法律法规，以促进阅读推广的顺利进行。

4.阅读推广活动规范化智慧读者培训机制构建

在推广智慧阅读的进程中，对读者进行培训是至关重要的一环。目前，我国大部分的公共图书馆都开始了智慧读者培训工作，但是还存在着一定的问题需要解决。考虑到智慧图书馆技术在阅读推广中的独特优势，公共图书馆应当设立相应的读者信息技能培训课程，有意识地提高智慧读者的阅读推广能力。在当前阶段，我国各类型公共图书馆都已经开始了针对智慧读者培训课程的建设与实践工作。为了提高读者的信息素养和实操技能，公共图书馆推出了一项智慧读者培训课程，旨在帮助读者深入了解图书馆的馆藏资源和使用方式，掌握数字资源和文献检索技能，从而提高阅读推广相关资源的使用率。在智慧读者培训的过程中，公共图书馆可以运用图书馆所提供的智慧技术、智能化技术以及各种信息化技术，以实现智慧读者的培训。对读者进行知识学习与实践操作训练，从而使其具备良好的阅读能力和综合素质。主要的教育培训内容可归纳为三种。

第一种，推广智慧阅读对新读者的启蒙培训具有重要意义。它专注于介绍数字资源和知识资源的检索、查询和使用以及智慧化的阅读推广服务内容和参与阅读推广活动的平台和媒介。

第二种，为读者提供紧急情况下的服务培训支持。通过设置多样化的应急援助内容和板块，协助读者解决阅读推广活动中遇到的问题，从而节省读者寻求帮助的时间，培养读者向图书馆求助的自觉性。此外，借助可穿戴设备、物联网和无线传感器等先进技术，我们能够为读者提供全面、及时的阅读支持。

第三种，针对经验丰富的读者，提供个性化的随行培训，以推广阅读。公共图书馆提供智慧读者培训内容，使读者能够及时获取相关的阅读推广活动信息，从而开启主动提醒和实时反馈机制，以促进阅读活动的顺利开展。

第四节　个性推荐服务模式

随着信息时代的迅猛发展，智慧图书馆必须紧跟时代步伐，对现有的服务方案进行全面升级，以适应互联网的崛起。在此过程中，图书馆可以借助大数据分析技术来实现自身功能优化升级，提升其服务质量。通过运用检索引擎的技术，实现对图书馆信息的全面检索，以确保图书馆能够精准地获取用户所需的数据信息，从而为图书馆的个性化发展提供全新的衡量标准。

一、智慧图书馆个性化推荐服务系统设计

为了实现智慧图书馆个性化服务系统的有效建设，图书馆必须明确自身的设计要素，以确保其在未来的发展中能够发挥最大的作用。在具体实践过程中，还应当结合不同类型的用户群体来制定相应的策略。在设计过程中，需要对阅读者的阅读需求进行深入分析和细致筛选，以满足其个性化的阅读需求。通过了解用户对图书的使用情况，来确定是否满足了阅读者的要求。在阅读者登录系统后，为了满足其阅读需求，图书馆可以利用搜索筛选功能，对整个图书信息进行个性化获取，以确保所收集到的数据与阅读者的需求相符。另外，还需结合具体环境进行针对性选择，保证图书馆的个性化服务效果。以高等教育机构的图书馆为例，当教师和学生登录阅读系统后，通过对个性化系统的分析，识别出二者的身份，并为二者提供不同的服务模式。通过对科研教学专业进行分类设置，系统能够为不同专业、不同学校的用户提供个性化的信息资源，以满足学生和教师的需求。将高校师生与高校图书馆之间的联系作为切入点，构建一个新型的智慧图书馆体系，从而实现高效管理及便捷利用的目标。构建智能推荐平台，为阅读者带来更为优质的阅读体验，让阅读者更加方便地选择适合自己的书籍和文献。

二、智慧图书馆个性化推荐服务的实现

（一）数据、用户信息的运行操作

为了确保图书馆管理信息完成用户数据分类和整理，我们可以在数据准备过程中提供定制化解决方案。在数据分析过程中，则需要根据实际情况，确定具体应用策略。在个性化服务系统中，用户可以对文献检索、推荐、交互信息等进行个性化设置，以确保这些信息能够通过深度分析和挖掘，为用户提供个性化的推荐服务。此外，还需要构建基于大数据分析技术的数据库管理系统，实现图书馆各部门之间的有效联系与整合。为了确保其系统的开发和运行能够得到充分的保障，必须将关键数据进行融合处理。该模型的最大特点在于，它能够为图书馆的读者提供高品质的检索服务，并根据读者的信息需求完成形式建立，从而确保两个基础性模型的分析和挖掘工作得以顺利进行。在图书馆服务体系的构建过程中，考虑到读者的检索记录和个人的阅读偏好，我们可以提供一个检索列表，让读者在阅读过程中发现新的兴趣目标，从而建立起一个完整的模型。通过对图书馆资源的管理与利用，形成一个完整系统，将读者需要解决的问题及时反馈到相关人员手中。完成模型建立后，运用数据挖掘工具对其进行加工，以确保用户信息得到全面的满足。

（二）完成协同算法的应用研究

在研究协同算法的实际应用过程中，我们可以通过以下几个方面来实现换算。当用户进行数据检索时，所产生的数据量呈现出海量性的特征。如果不使用大数据处理技术，则会导致大量的冗余信息留存在数据库中，从而影响到最终的检索效果。因此，可以运用成熟的算法对数据进行加工处理，这样可以保证图书馆的管理需求得到最大程度的满足。

（1）皮尔森相似度关联。在皮尔森相似度关联中，可以分析皮尔度变量之间的结构性变化，对皮尔森系数进行全面表示。在皮尔森系数中，整个系统的读取范围可以保持在 $-1-1$ 之间。当变量呈现出线性关系递增时，整个系数可以保持在取值范围，如 $1--1$ 内。且根据 $-1-1$ 的变量，如二者之间呈现一定变化，而另一端也应随之出现变化，二者呈现互相绑定关系，如系统内部的取值大于 0，

另一取值相应减少。

（2）欧几里得距离相似度定理。在相似度关联中，根据整个欧几里德内部相似度，可以更好地将其理解为简单算法。将物品定义为数据的综合指标，以便评价人在坐标中对整个指标进行绘制分析，随后进行直线换算，以了解物品之间的距离。

（3）余弦相似度。根据余弦相似度，分析空间的两个向量夹角，且根据余弦值探究个体之间差异大小，更注重余弦相似度之间的差异模式。

（4）调整余弦相似度。余弦相似度可以完成向量之间的夹角，并将二者作为个体间的距离差异完成标注。其标注的过程、长短需要确保在相似度计算上，二者具有明显的差异性。在日常处理过程中，将会导致维度数据的差异变化。例如，在评分过程中，如其整体是5分制，其x、y用户内容评分可以在1、2、4、5之间进行选取。使用相应的余弦量，也可以得出最后结果为0.98。且两种类型的数据较为相似，但从实际内容而言，X对内容并非稳定，且在X处理过程中，对内容持一定的检索模式。在评分的均值指标上，二者均可以定位为3，在调整时则可以选择-2、-1、1、2，并使用余弦进行计算量以表示其差异。

综上所述，在建设过程中，需要贴合我国目前智慧校园背景，对图书馆服务进行优化，确保图书馆能够得到长久发展。在学校智慧图书馆建设中，融合学校建设的特色以及学科之间的特征，对个性化搜索系统提出改进建议，确保图书系统能够提供全新的框架，可以完美运行在服务模式中。

第五章　智慧图书馆服务创新模式

本章主要介绍智慧图书馆服务创新模式，主要从四个方面进行了阐述，分别是智慧图书馆移动服务模式、智慧图书馆信息共享空间服务模式、智慧图书馆"重点读者"服务模式以及智慧图书馆嵌入式服务模式。

第一节　智慧图书馆移动服务模式

在20世纪60年代，备受瞩目的传媒理论大师麦克卢汉提出了"地球村"的概念。他认为全球已经成为一个网络社会。数十载之后，互联网已经成功构建了一个虚拟的地球村，为人类带来了前所未有的便利。互联网上的各种应用都将以一种全新的形式存在于人们身边，它不仅改变着人与人之间的关系，也影响了人类社会的各个方面。利用云计算技术，我们能够摆脱对特定图形和编码系统的依赖，实现全球范围内的资源共享。随着移动设备的日益智能化以及人们对新媒体需求的不断增加，移动互联网已经成为一种趋势。随着互联网正式进入移动互联时代，4G、5G、WLAN等移动网络的广泛普及，以及Web3.0、社交网络和智能手机等一系列技术的不断进步，掀起了信息资源的移动共享热潮。SoLoMo由"Social"（社交的）、"Local"（本地的）和"Mobile"（移动的）三个单词的开头两个字母组合而成，形成了"社交本地移动"，即社交加本地化加移动的现象。作为一种新的移动模式和全新的信息获取方式，其具有移动性、便捷性、即时性、交互性以及个性化、智能化特点。随着时间的推移，智慧图书馆移动服务的应用范围不断扩大，这是未来互联网发展的必然趋势。

一、移动借阅服务

在当今社会，越来越多的人选择使用手机阅读。移动阅读已经超越了传统的纸质阅读和电脑阅读，成为一种碎片化的阅读模式，对整个阅读市场产生了冲击。目前国内各大高校都建立起自己的数字图书馆或虚拟馆藏，但这些数字化资源在实际应用中存在一些缺陷，如不能满足不同读者群体的个性化要求等等。随着移动网络和智能手机的广泛普及，移动阅读的机会不断增加，智慧图书馆用户则成为移动阅读的主要受众群体。因此，智慧图书馆应该充分发挥自身阅读资源的优势，建立具有本馆特色的资源保障体系，包括学位论文、会议论文、专利文献等，并积极推进移动借阅服务的发展，以满足用户不断增长的阅读需求。

二、视频教育服务

长期以来，视频教育一直是一种广泛应用的教育形式，但由于受到软硬件的限制，其实现方式主要依赖于电视或电脑等传统设备。近年来，随着5G网络和家庭、公共场所Wi-Fi网络的广泛普及，移动终端（如手机）在线观看视频的速度限制已得到初步缓解；随着智能手机和移动设备的性能提升，移动视频播放的条件也得到了优化；在这些新技术的推动下，未来的视频教学将会越来越多地使用移动端进行。

相较于国内商业网站所提供的教育类视频，智慧图书馆在视频教育的来源和内容方面呈现出绝对的优势。智慧图书馆通过对视频资源进行深度挖掘和利用，为读者搭建一个开放互动、高效便捷的学习环境，从而实现个性化服务。智慧图书馆所提供的视频教育涵盖了三种类型，第一种是针对各类学校不同学科的专业课程所制作的视频课程；第二种是可供智慧图书馆用户观看的培训视频；第三种是智慧图书馆向社会开放服务所产生的视频点播资源。智慧图书馆借助5G等移动互联网，为用户提供多样化的视频教育资源，致力于构建独具特色的移动视频教育服务平台，从而提升本馆的移动信息服务水平，随时随地满足用户需求。

三、移动社交网络服务

SNS 是一种在线社交网络服务，旨在为志同道合的用户提供一个在线社区，如今已成为移动互联网最为普及的应用之一，同时也是智慧图书馆用户最主要的交流和互动方式。高校科研团队作为知识创新的重要主体，其研究水平在很大程度上取决于他们之间的信息交互能力。随着数字出版的蓬勃发展，科研成果的发表已经超越了传统的期刊发表，越来越多的学术成果开始在开放获取平台和社交网络上快速传播，并引发了基于学术社交网络的学术影响力评价理论——Altmnetrics 的出现。社交网络为广大图书馆用户，特别是高校教师提供了一个促进学术交流的重要平台。目前，高校图书馆用户已经具备较高的科研素养，但由于缺乏相应的社交网络资源支持，他们在利用这些资源时存在着很多问题。为了满足用户的信息需求，智慧图书馆的移动服务需要将各种 SoLoMo（"社交本地移动"）应用有机地融合到自身服务中，例如提供热门社交网络入口，开通微博、微信等社交网络服务，以满足用户的多样化需求。

四、个性化推送服务

随着数据密集型科学范式的兴起，大数据时代已然到来，这标志着科学研究进入全新的阶段。在这样一个时代背景下，智慧图书馆应运而生。智慧图书馆所拥有的数据包含了海量的知识信息和各种服务模式所产生的各类信息，如读者借阅图书过程中的历史阅读记录，借阅者之间相互交流的文本等。随着 5G 技术的不断普及和推广，智慧图书馆所处理的数据量将呈现爆炸式增长，因此，图书馆必须具备高效处理大数据的能力。通过对图书馆用户进行大数据分析和挖掘，智慧图书馆能够精准地推断用户的信息需求，从而提供真正个性化的推送服务。在此过程中，智慧图书馆还应该充分利用各种新技术来实现移动阅读和在线学习等功能。尽管这一领域尚处于起步阶段，但智慧图书馆未来的工作方向就是利用大数据分析和移动推广服务，进一步提升其服务水平。

智慧图书馆服务的核心在于，无论用户身处何时何地，都可以通过各种设备获取图书馆所拥有的各种信息资源，这是其服务本质和社会使命的最高境界。智慧图书馆服务的实现需要依靠智能终端设备，而移动设备则是实现智能化管理最有效的手段之一。随着移动互联网技术和 SoLoMo（"社交本地移动"）的迅猛发展，智慧图书馆的 5A 级服务梦想正在逐步实现。目前，我国智慧图书馆的移动服务已经开展了一段时间，然而，由于各种移动终端和移动网络的共存，智慧图书馆的移动服务模式仍然处于多种模式并存的状态，发展缓慢，普及率不高，但是 5G 等移动互联网为智慧图书馆的移动服务带来了全新的机遇。未来智慧图书馆的移动应用将会更加广泛和深入社会生活中的各个方面，从而推动整个人类社会的信息化进程。

第二节 智慧图书馆信息共享空间服务模式

随着计算机技术、多媒体技术、网络技术、现代通信技术的飞速发展，人们的学习方式和信息接收方式发生了翻天覆地的变化，学习环境更加强调协作性和共享性，呈现出全新的面貌。因此，传统图书馆正逐步向数字化校园转变，并逐渐成为学校信息化建设的重要组成部分。在此环境下，智慧图书馆创建了一种以用户为中心的信息服务模式，该模式以满足用户信息需求为导向。它改变了传统图书馆的管理模式，使读者与馆员之间形成平等和谐的关系。在 20 世纪 90 年代初，为了满足高等教育机构在研究和学习方面的需求，美国的图书馆界推出了一种全新的服务模式——信息共享空间。它由原来功能单一的借阅阅览室转变为集图书阅览、电子资源检索、信息加工处理、知识传播与交流于一体的多功能数字化校园服务平台。随着时间的推移，信息共享空间已经演变为一个能够为用户提供多种信息整合服务的场所，成为美国高等教育图书馆的主流服务模式。通过分析其产生背景、主要功能及运作机制等方面来探讨信息共享空间为我国高校图书馆服务创新带来的启示。

一、信息共享空间的模式、基本原则和目标

（一）信息共享空间的模式

尽管信息共享空间已经成为美国高校图书馆的主流服务模式，然而在信息共享空间模式的研究方面，学者和专家的观点各不相同，其中最具代表性的是两层次和三层次模式。

1.Donald Beagle 的两层次模式

美国北卡罗来纳大学的唐纳德·比格尔（Donald Beagle）是两层次模式的主要倡导者，他在自身实践的基础上，于20世纪90年代末提出了"Information Commons"（信息共享）这一概念[①]，认为信息共享空间是以数字化信息资源环境为背景、为信息供需双方特别设计的一个协同工作空间，它可以使用户与馆员、用户与用户之间进行显性和隐性知识的交流，通过对组织、技术、资源和服务进行有效整合，实现用户的信息交流。他将信息共享空间划分为虚拟空间和物理空间。

虚拟空间（virtual space）主要是指数字资源的网络环境，使用户通过友好的图形用户界面（GUI），利用搜索引擎从各个工作站点获取数字信息服务。服务的内容不仅包括本馆的馆藏书目信息，还包括各种数字信息资源。

物理空间（physical space）是指通过对馆内的工作场所及提供的各种服务进行组织，为虚拟的数字资源环境提供物理空间上的支持。

2.Bailey 和 Tierney 的三层次模式

贝利（Bailey）和蒂尔尼（Tierney）认为信息共享空间由宏观、微观和综合三个层次构成。[②]宏观信息共享空间是指对全世界的信息，特别是网络信息资源建立起来的共享空间，这是一种广义的概念。微观信息共享空间是指一个拥有计算机或数字技术，以及各种外围设备、软件支持和网络基础设施高度集中的场所。综合信息共享空间能够集成各种数字信息资源，为研究、教学和学习提供相应的信息空间。

此外，吉姆·邓肯（Jim Duncan）和拉里·伍兹（Larry Woods）也提出了三个层次的概念，将信息共享空间分为物理层、逻辑层和内容层三个层次，并分析了不同层次存在的应用壁垒。例如，对计算机的管理、为各种软件设置许可协议和序列号以及对数据库的访问采用IP地址限制等均妨碍了信息的自由流动和共享。

尽管学者和专家提出的模式不尽相同，但基本的思想是一致的，即信息共享空间是为用户提供一站式服务和协作学习环境的场所，它整合了图书馆中各种软

[①] 贺彦平，谢萱. 云模式下的图书馆信息共享空间发展[J]. 情报资料工作，2014（05）：93-96.
[②] 文秘帮. 国内外信息共享空间研究综述[EB/OL].（2022-09-14）[2023-03-16]. https://www.wenmi.com/article/pxsmww03htjg.html.

硬件资源、数字信息资源以及图书馆人员，为用户提供了一个可以进行信息检索，并能进行交流、学习和协作的空间。

（二）信息共享空间的基本原则

关于构建信息共享空间的基本原则，图书馆专家将其归纳为四方面：普遍性，即每一台计算机都有相同的检索界面；适应性，旨在满足所有用户的各种需求；灵活性，适应需求变化和技术变化的需要；群体性，提供有助于进行共同合作的场所。根据国外信息共享空间的理论和实践研究，其基本原则主要由以下三方面构成。

1. 需求动态性

首先，随着用户对信息认知的不断提升，用户的需求呈现出多元化趋势。作为知识资源和文献信息中心，在新形势下如何满足用户多样化的需求，成为图书馆当前亟待解决的问题之一。用户获取信息的方式多种多样，除了自行查找和借阅书籍外，更多地依赖于馆内主动传递信息的渠道。因此图书馆应积极利用馆藏资源为用户服务。其次，随着不同领域相互渗透和边缘学科的兴起，用户对信息的需求呈现出更加多元化的趋势，同时服务也更加注重知识化。再次，随着信息技术和网络的发展，传统图书馆的功能正在不断弱化，越来越难以满足人们日益增长的个性化、多样化信息需求。为了满足用户不断变化的信息需求，信息共享空间需要采用先进的信息服务技术，以及时响应和满足用户信息需求。

2. 服务集成性

在图书馆中，信息共享空间是一个综合性的场所，为用户提供参考咨询、多媒体服务、研究型服务和技术服务，以满足他们在研究、教学、学习和消遣等方面的需求。它具有知识管理功能、个性化定制功能、资源共享功能、互动交流功能、交互体验功能。用户可通过集成服务机制，在最短的时间内以最小的成本获取所需信息，实现一站式获取。

3. 知识共享性

信息共享空间具备为用户提供协作和自由交换信息的功能，因为它能够满足用户个性化的信息需求。随着信息技术的发展，计算机及网络通信技术已经应用到人们生活当中，信息共享空间成为可能。在这个协同工作的领域中，用户可以直接与用户、工作人员和技术专家进行互动，获取信息，同时也可以利用信息共享空间中提供的各种信息设备，获取网络信息资源。信息共享空间以其特有的功能成为现代图书馆不可或缺的一部分。作为一个重要的场所，它为用户提供了获取、分享和创新知识的机会。

（三）信息共享空间的目标

不管信息共享空间采用什么模式，其在智慧图书馆中的应用目标包括但不限于以下几个方面。首先，致力于为用户提供全方位、个性化的信息服务，以满足他们多样化的需求；用户可以自主选择并获取图书馆的多种网络信息资源。其次，智慧图书馆为用户提供了各种帮助和咨询服务，使其在信息共享空间工作人员的指导下进行学习和研究，这一做法充分地展现出智慧图书馆以用户为中心的服务理念。

二、面向集成服务的信息共享空间的构建

（一）信息共享空间的战略规划

信息共享空间应当以整体优化的方式为各部门之间提供服务试读功能，以达到更好的效果。目前我国图书馆界对这一概念认识还不够清晰，导致其应用效果并不理想。因此，在智慧图书馆的战略规划中，必须强调各部门之间的协同作用，降低组织管理层级，逐步构建一个扁平化的网状管理结构，以促进部门之间的沟通和协作，从而提高智慧图书馆的管理效率。

（二）信息共享空间的构建要素

1. 物理空间

信息共享空间的首要目标在于为用户提供一个宜人的物理环境，以促进学习和交流。在这种环境下，学习者能够自由地开展各种活动以达到自己所要完成的任务。多媒体电子教室、小组交流讨论室、提高研究水平的咨询区以及独立创作的独立研究室等，都是构建空间的有效方式。在构建物理空间时，必须充分考虑每位用户的独特学习方式和习惯，以满足其个性化需求。为了让每一个学生能更容易地获得信息并提高他们的学习效果，需要设计一种能够满足不同层次用户需

求的物理空间模型。Koelker，作为美国得克萨斯州立大学图书馆的一员，根据不同用户的需求，对物理空间进行了细致的划分，包括个人和集体、计算机环境和无计算机环境等多个方面。

2. 资源

信息共享空间是一种综合性的服务模式，它将信息资源和各种软硬件设施有机地融合在一起，为用户提供全方位的服务体验。它将图书馆作为一个整体来建设，使之成为读者学习与工作中重要的场所之一，从而促进了整个社会文献信息资源共享水平的提高。除了传统的印刷图书、资料和工具书等馆藏资源，信息共享空间还必须提供丰富的电子资源，如电子期刊、电子图书、专业数据库、多媒体文件以及网络信息资源，以满足信息共享的需求。

除了计算机和通信设备（包括有线和无线连接），信息共享空间还提供了外围设备，如复印机、打印机、扫描仪、摄像机和投影仪等，以满足各种信息需求。此外，还应配备一个可供移动或固定使用的电脑室，并为其设置空调系统。为了确保信息共享空间成为知识管理和提高用户信息素养的重要场所，工作人员必须不断更新各种电子资源，并根据用户的实际需求增设各种软硬件设施。

3. 服务

在数字化环境下，信息共享空间所提供的服务是将传统的图书馆服务与数字信息服务融为一体的高度集成化服务。因此，数字资源整合成为构建数字资源共享平台的基础和关键。通过整合信息技术、信息资源、服务功能、服务人员和服务机构等多种信息服务要素，实现整体功能的优化，从而为用户提供动态、全方位、多层次、多元化的信息服务，用户只需在信息服务台即可获得一站式的信息服务。

提供的服务涵盖了文献借阅传递、信息检索、数字参考咨询、信息发布推送、知识导航、馆际互借、实时咨询以及用户教育培训等多个方面。针对不同的服务，可以进行多样化的分类，例如信息检索服务可分为光盘、在线、数据库、OPAC和智能代理四种检索方式；知识导航服务可细分为分类导航、学科导航、主题导航以及资源类型导航，以满足不同用户的需求；用户可接受三种不同类型的教育培训，分别为检索技能、图书馆资源利用技巧以及信息素养提升。

4.人员

为实现信息共享空间的空间、资源和服务，需要得到相应信息共享空间工作人员的支持，因此，人员在构建信息共享空间中扮演着重要的角色。

信息共享空间的人员构成主要包括：（1）参考咨询馆员，他们负责提供资源使用方面的咨询服务，是开展信息服务工作的重要力量之一，在高校中发挥着不可替代的作用。（2）信息技术领域的专家，其职责在于为计算机软硬件和网络技术提供全方位的支持。（3）多媒体从业者，他们致力于为专家和高校教师开发多媒体教学软件，并为学生提供多媒体制作方面的指导。（4）教师，他们能够运用各种资源进行教学和研究，并可以为图书馆用户提供个性化的一对一指导服务。

信息共享空间的服务模式对从业人员的综合素质提出了更高的要求，工作人员不仅要具备与自身服务相关的技能和技术，更需要具备卓越的学习、领悟和实践能力，以适应信息技术的不断发展和用户需求的不断变化，从而不断提升自身的知识结构和服务水平。目前，高校图书馆的信息化程度越来越高，但其中仍然存在很多问题，如管理人员整体素质偏低等，这就需要加强图书馆员的专业素养。必须定期对他们进行系统化的培训，以确保他们在未来的工作中能够不断进步和发展。

（三）信息共享空间的效果评价

在建立信息共享空间之后，至关重要的一步是对该服务进行全面评价，确保以用户为中心的信息共享空间服务质量评价体系的建立，从而保障信息共享空间的高效运行。在考虑信息共享空间的构建要素时，需要综合考虑物理空间、资源、服务和人员等多个方面，确保其完整性和可持续性。

为了准确评价用户对服务质量的感受和要求，我们可以采用多种方式，例如向用户提供反馈表格或进行在线调查，或者将这两种方式结合起来，最终实现正确的了解、分析和评价。通过问卷调查和实地调研，可以全面客观地掌握用户对服务的体验感以及影响用户满意程度的各种因素。通过对评价结果的分析可以发现服务存在的缺陷，因此后续需要不断改进服务设施和工作方法，以提高服务质量，更好地满足用户的需求。

第三节　智慧图书馆"重点读者"服务模式

数字信息环境下，图书馆运用网络和信息技术获取并分析用户的信息使用习惯、偏好、背景和需求，以提供综合的信息服务，包括时空、形式和内容三个方面服务，最终满足用户的个性化信息需求。

智慧图书馆根据当地总的发展要求，以各级学校教学、相关机构科研和企业生产三大基本功能为依据，明确"重点读者"的范围、结构和梯队，即这三个领域的学科带头人、拔尖人才和专家学者，最终目的就是满足读者的需求。这些人具有较高的知识素养和专业水平，有一定的社会实践经验，能提供优质高效的文献资料和咨询服务。个性化服务"重点读者"是一种主动的文献信息服务模式，通过对重点读者文献需求的内容、范围、数量和质量进行及时跟踪和分析，利用丰富的信息资源优势，通过多种途径收集信息并对其进行判断分析和加工整理，最终将信息及时传递给重点读者，实现了集文献信息咨询、检索、供应等多种服务形式于一体的服务模式。这种服务模式强调了读者的主动性和参与性，把用户视为具有能动性、创造性的人，从而使服务更加有效。在服务工作中，以读者的主体地位为切入点，实现从静态到动态、从单向被动到双向交流。

一、个性化服务"重点读者"服务模式的缘起

为了提升智慧图书馆的服务水平和学术价值，除了日常为一般读者提供信息服务外，还需着重关注"重点读者"，并优先开展个性化服务。突出学科特色，为重点读者提供优质服务。根据高校学科分类体系，各院校均有自己的优势学科及研究方向。临沂大学图书馆以"重点学科、重点专业、重点实验室、重点课题、重点课程"领域的教学、科研和生产为主要服务对象。根据这些学科或专业特点，制定详细而又具体的服务项目和措施，以满足不同层次"重点读者"对文献资源的需求，使其尽快掌握相关知识和技能。临沂大学的专业能手和业务骨干皆为"重点读者"，他们在学术领域中具有引领作用，能够快速扩大学校在教学和科研中的影响力和知名度，从而推动学校的快速发展；重点读者对高校文献资源建设具

有较高要求，需要图书馆为其提供全方位、深层次的知识保障与咨询服务。提供有针对性的信息检索、获取、分析、归纳等全方位服务，有利于作出高质量的研究成果。

二、个性化服务"重点读者"服务模式的做法

（一）确立条件，选定对象

根据目前我国图书馆的具体情况，作者拟定了重点读者的条件：一是承担各级学校重点学科、重点专业、重点实验室和精品课程建设的人员；二是取得省部级科研成果并继续承担省部级以上重要科研课题的人员；三是具有博士学位或取得硕士以上导师资格的人员；四是有突出贡献的中青年专家和拔尖人才。图书馆主动到教育部及相关部门调查了解重点领域及精品课程授课人、重点课题主持人、高校硕士以上导师等的有关情况后，向他们发放重点读者服务表，在征得本人同意并填表后，他们就成为"重点读者"服务对象。智慧图书馆为其建立档案数据库，每人发放一张电子服务卡，对"重点读者"学科、专业、课题名称、研究方向、文献资料的需求情况、姓名、职称、单位、住址、联系电话、E-mail 等进行登记，以方便服务。图书馆应随时挑选新的符合条件的重点读者，及时将那些年轻有为的读者纳入调查范围，同时剔除落伍者，实行"重点读者"动态管理。

（二）项目管理，定向服务

首先，确立"重点读者"服务项目卡，以满足其特定需求。在向建档的"重点读者"颁发"绿色"借阅证后，智慧图书馆的所有服务部门都会为他们亮起"绿灯"，允许他们自由出入馆内所有主、辅书库和阅览室等，他们可以借阅所有纸质型和电子型文献，借书册数从每人 10 册增加到每人 30 册，借书期限也从原来的 3 个月延长到 6 个月，并且还可根据阅读需要继续顺延。

其次，编目人员可根据自己的工作规律，为"重点读者"提供个性化的"时间差"服务，即在分编与入库的"时间差"期间，向其推荐并提供短期借阅新书的服务。

（三）信息资源，共建共享

充分利用现有馆藏，不断充实和完善与"重点读者"需求相关的文献资料的收藏。"重点读者"长期处于教学、科研、生产第一线，并经常参加一些学术性会议，对本专业本学科发展的前沿学术动态了如指掌。他们所需文献不但面广，而且内容专深、形式多样。

因此，智慧图书馆在文献采购上，一方面要将书刊预订书目及时送交"重点读者"，由他们推荐、圈定所需的文献资料，以提高采购质量；另一方面，让"重点读者"向图书馆提供所需文献目录，划拨给他们一定的采购资金，依据自身需要代购自用，使用完后作为馆藏入库。在文献经费上向"重点读者"倾斜，通过多种渠道保证文献采购采齐、采全。

三、个性化服务"重点读者"服务模式的途径

（一）馆际互借，中介服务

信息资源的网络化趋势促进了馆际互借的迅速发展。由于智慧图书馆不可能完全满足"重点读者"的文献信息需求，当"重点读者"有需求时，利用 E-mail 向北京大学、清华大学等图书馆馆际互借服务中心发出请求，告知所需的书刊或其他文献的题名、作者、主题和关键词，通过邮寄或电子邮件获取资料后，再通过 E-mail 发送或上传给"重点读者"。

（二）电子邮件，推送服务

用电子邮件等方式主动将所需的文献信息推送给"重点读者"。例如，及时推送新到馆的中、外文献信息，定期提供专业核心期刊目录，定期收集提供反映国内外学科最新动态的专题书目资料。智慧图书馆开展"期刊目次和期刊全文传递服务"，让每个"重点读者"圈定最需要的 6 种专业期刊，新刊一到馆，就将目次发送至其电子邮箱内，若需要原文，可通过电话或 E-mail 提出请求，工作人员马上将期刊原文通过 E-mail 传递或复印纸质递送；充分利用已有的数字资源进行定向的信息推送服务，如中国期刊全文数据库（CJFD）、EBSCOhost（全文资料库）数据库、万方数据资源等，根据"重点读者"的文献信息需求，从这些数

据库中获得有关的原文数据，通过 E-mail 推送或打印发送给"重点读者"。

（三）信息检索，代理服务

对"重点读者"来说，一方面，他们的时间比较宝贵；另一方面，他们虽然具有专业特长，但是在信息检索方面往往不像图书馆专业人员使用检索工具和文献数据库那样得心应手，特别是在当前的网络环境下，信息浩如烟海，"重点读者"想省时、省力地获得称心如意的资料，往往需要图书馆专业人员的帮助，请其代理检索有关信息。

（四）请求呼叫，专线服务

为"重点读者"建立"服务专线"和"服务专用 E-mail 信箱"。一方面，智慧图书馆可以通过电话或 E-mail 向"重点读者"直接介绍与其学科建设、业务教学、课题研究相关的馆藏文献，特别是新到馆未分编的图书，可以优先供其借阅、与他们约定送书上门的时间等；另一方面，如"重点读者"有信息需求，可以随时通过拨打"服务专线"或通过"服务专用 E-mail 信箱"传递给图书馆，图书馆将在最短的时间内，为"重点读者"查找馆藏和网络资源，查找结果通过 E-mail 推送给他们或派人亲自送到其家中。

第四节　智慧图书馆嵌入式服务模式

所谓"嵌入式服务"，就是把智慧图书馆的信息环境与用户群体的信息环境进行有效的交流融合，把"用户需求"放在图书馆信息服务的首要地位，在特定的工作任务或目标中充分利用图书馆在信息获取、二次或多次加工、有效管理以及数据分析等方面的优势，把信息服务扩展到用户的学习、教学和科研等过程中去。在嵌入式服务下的用户已经与图书馆建立了密切联系，实现动态交流及交互融合，他们不需要到实体图书馆查询资料，也不需要上网搜索信息，可以在任何地方、任何时间轻松、快捷、方便地获取自己所需要的信息，这是图书馆传统服务模式发生改变的一个重要体现。

一、智慧图书馆开展嵌入式服务的必要性

(一) 高校学科建设的需要

教育部于21世纪初发布的《国家重点学科建设与管理暂行办法》中要求国家重点学科必须具备的基本条件之一：教学、科研条件居国内同类学科先进水平，具有较强支撑相关学科的能力，有良好的图书文献和现代化信息保障体系。由此可见，智慧图书馆丰富的馆藏资源及开展嵌入式学科服务对高校学科建设来说至关重要。

(二) 数字信息化时代的需要

现今，人们对网络的依赖程度越来越高，随着有线网络及无线网络的普及，任何人在任何时间、地点都可以获取和利用所需要的信息，因此人们逐渐形成了泛在的学习方式及生活方式。在网络环境下，数字化信息成为主流信息资源，用户获取的信息资源日益丰富且获取方式更加便捷，对图书馆则日益疏远。因此，智慧图书馆应通过开展嵌入式学科服务，主动与用户沟通并寻求合作，提高图书馆的服务意识和服务水平，留住原有用户群并开拓新的用户群。

(三) 转变服务理念的需要

嵌入式学科服务图书馆为适应数字化信息时代的发展，根据"以人为本"的服务理念推出的以用户需求为中心的新型服务模式。深化学科馆员服务，建立真正符合用户需求的学科化服务机制是智慧图书馆努力的方向。目前，我国图书馆都不同程度地存在服务理念陈旧、场馆面积较小、设备设施老化、专业人才缺乏及学校划拨资金不足等现象，已无法满足读者专业化、集成化的信息需求。智慧图书馆应改变传统的服务模式，为用户提供个性化、学科化、知识化服务，满足用户的个性化信息需求。

二、智慧图书馆嵌入式服务的主要方式

目前，智慧图书馆主要开展以下四种嵌入式服务方式：手机短信服务、社区网站服务、e划通服务以及其他桌面工具服务。

（一）手机短信服务

手机短信服务是一种以智能手机为载体的新型信息服务方式。在图书馆 WAP 网站注册的用户，在安装相关软件之后，就可以根据自己的信息需求定制服务，对更新的信息资料进行有选择的阅读或者注销定制服务等。目前，清华大学图书馆、合肥工业大学图书馆等多所高校图书馆已通过建立手机图书馆开展手机短信服务。

（二）社区网站服务

社区网站服务就是智慧图书馆通过 E-mail、QQ 等各种在线交流工具，将信息服务工作拓展到用户的 BBS（论坛）、Blog（博客）、Wiki（维基）等虚拟社区，利用信息共享软件、多媒体资源、知识导航、在线培训课程、知识库等构建丰富的知识体系，营造良好的学习情境，为社区用户自主学习和协作研究提供信息资源。目前，国内已有较多图书馆使用这一服务模式，其中台湾大学图书馆与 Facebook 和 Plurk（噗浪）合作开展的服务效果最好。

（三）e 划通服务

e 划通是一种"个人桌面信息工具"，用户在使用计算机工作的过程中，一旦需要查阅相关信息，不需要跳转出当前的工作界面，只需直接划选相关词句就能自动检索图书馆相关数据，或通过网络搜索引擎自动获取相关信息。目前，中国科学技术大学图书馆已经应用 e 划通服务。

三、智慧图书馆嵌入式服务的挑战与机遇

随着信息时代的到来，智慧图书馆面临的最大挑战在于，用户的信息环境发生了深刻的变革，信息资源变得更加广泛和多样化，用户可以在家中轻松地获取所需信息，或者无论身处何地，只需携带电子设备，即可快速获取所需信息。这些都给图书馆带来了一定的影响，也使传统图书馆面临着新的机遇和挑战。随着信息环境的演变，用户对信息的需求也随之发生变化，他们更加倾向于获取有价值的信息，因此他们迫切需要过滤掉无用的信息，这为智慧图书馆在信息时代的发展提供了一个新的机遇。只有积极应对挑战，智慧图书馆才能实现数字化和现

代化服务水平。当前我国智慧图书馆建设面临着诸多问题，需要创新思维和方法，以适应新时代下人们日益增多的信息需求。

四、面向用户需求的智慧图书馆嵌入式服务模式的构建

（一）面向"学习型用户需求"的智慧图书馆嵌入式服务策略

面向学习型用户需求，智慧图书馆可以采取"嵌入式信息素养教育服务"和"嵌入式个人自主学习服务"这两种服务策略。

1. 嵌入式信息素养教育服务

根据不同需求开展图书馆资源有效利用的相关讲座，让学习型用户了解图书馆拥有的信息资源内容，查询、借阅图书等信息资源需要经过哪些流程、办理哪些手续等，重点掌握中文电子资源的使用。图书馆员还应与授课教师一起，将信息素养教育嵌入日常教学中，并围绕学习型用户的课程内容来设立不同的信息素养专题讲座。根据学习型用户的需求来开展针对某一方面的信息素养讲座，以提高学习型用户的资源检索水平，帮助学习型用户掌握更多行之有效的检索方法，促使学习型用户的信息查询、资源获取以及知识利用能力得到有效提升。

2. 嵌入式个人自主学习服务

智慧图书馆可以通过 Web3.0 构造学习互动社区，在学习型用户的学习环境中嵌入服务，为学习型用户的自主学习提供针对性强、专业性高的知识信息服务；通过网络教学平台，拓展学习型用户学习内容的深度和广度；通过学科服务平台整合各学科的信息资源，进而实现所有资源的一站式检索。

通过以上方式来满足学习型用户在不同阶段不断变化的学习需求。

（二）面向"教学型用户需求"的智慧图书馆嵌入式服务策略

面向教学型用户需求，智慧图书馆可以采取"嵌入式课程教学过程服务"和"嵌入式课程教学互动服务"这两种服务策略。

1. 嵌入式课程教学过程服务

智慧图书馆为建设好网络教学平台，将各种课程资源放置其中供大家使用，并协助教学型用户直接在网络教学平台上使用已付费的电子图书和期刊论

文，以及网络上免费的电子图书和期刊论文；利用数据库 RSS（Really Simple Syndication）来提供定制服务，将其 RSS Feed（存储网站上所有文章数据的平台）添加到网络教学平台中，便于教学型用户及时获取动态信息，为教学过程做好嵌入式服务。

2. 嵌入式课程教学互动服务

在教学过程中，教学型用户在智慧图书馆的协助下，把课程相关信息放到一些浏览量大的社区网站中，学习型用户在使用社区网站时就可以获取课程相关信息，同时通过 E-mail（电子邮件）、QQ 等各种在线交流工具，与教学型用户，或者智慧图书馆进行有效沟通，实现课程教学的有效互动。教学型用户可以根据学习型用户的反馈来调整自身的教学计划或内容，智慧图书馆可以根据两种用户的反馈来调整与课程相关的电子信息资源，最大限度地满足课程教学需要。

（三）面向"科研型用户需求"的智慧图书馆嵌入式服务策略

当面向科研型用户需求时，智慧图书馆可以采取"嵌入式学术交流服务"和"嵌入式科技研究服务"这两种服务策略。

1. 嵌入式学术交流服务

智慧图书馆在学术交流中处于重要地位，通过提供信息服务来促进学术交流，如对科研型用户进行学术交流方面的教育，内容包括作者权利管理、版权、机构库建设等。同时，智慧图书馆积极倡导开放存取的新型学术交流模式的建立，如与学校其他部门联合建立本地机构库，对软件系统进行有效评估、对相关政策进行准确解析、对机构库进行大力宣传、对数据质量进行严格把关、对作者行为进行正确引导等。

2. 嵌入式科技研究服务

在科技研究过程中，智慧图书馆要全面搜集科研型用户所需要的与研究相关的资料，如研究文献、调查数据等；要及时跟踪研究领域中出现的新成果、新进展和新思路，并及时反馈给科研型用户，为用户提供最新的、具备研究价值的资料，为用户提供"选题—立项—研究—结题—成果评价—成果转化"全程式的知识研究服务。

五、有效推进智慧图书馆嵌入式服务模式的保障措施

（一）思想保障：转变落后观念，形成正确认识

要有效转变智慧图书馆落后的服务观念。图书馆相关人员要重新认识图书馆的角色和功能，对机构组织进行重新组合、对服务形式进行有效转换、对实体空间进行重新改造、对虚拟空间进行合理构建，建立一种真正面向用户需求的嵌入式服务模式。只有完善理念体系，才能使馆员有明确的奋斗目标与方向，才能使图书馆用户的各种信息需求得到满足。

（二）物质保障：完善信息设施，创造服务环境

嵌入式服务的实施离不开必要的物质基础。目前高校智慧图书馆还处于探索阶段，对嵌入式服务工作缺乏足够认识。为了确保嵌入式服务保持高质量，必须更新信息设备，淘汰过时的产品，以保证用户使用的信息查询设备性能良好，提高用户的使用满意度；同时，还需要关注用户的信息需求，及时补充馆藏资料，调整馆藏资料结构，以确保用户能够快捷方便地查询信息；此外，智慧图书馆还应配置饮水机、打印机等相关设备，改善用户信息查询的环境，将嵌入式服务落到实处。

（三）人才保障：引进专业人才，建设高效队伍

为了确保高质量嵌入式服务工作，智慧图书馆必须积极引进信息素养较高的专业人才，并加强对已在岗馆员的专业技能培养，以帮助他们快速适应信息时代的嵌入式服务工作。此外，还要建立一支稳定的复合型人才队伍，以满足不同层次读者对嵌入式服务的需求。智慧图书馆不仅可以采用"引培"方式，还可以与学校其他部门的相关人员合作，成立嵌入式服务工作机构，下设学习、教学和科研三个工作小组，有针对性为广大用户提供服务。

（四）制度保障：健全相关制度，狠抓工作落实

嵌入式服务是一种将智慧图书馆员与广大用户紧密结合的合作模式，只有将其制度化，才能实现深度合作的目标。为了更好地促进图书馆的发展，高校应

该重视对嵌入式服务模式的研究。明确嵌入式服务的重要性和规范性，将馆员与用户之间的协同合作纳入常态化制度并全面落实，从上至下高度重视，同时要获得各部门的支持和配合，赢得用户群体的信任。其次要建立起相对独立且相互制衡的管理体系。在制定相关制度后，将其贯彻落实并在实施过程中不断完善和修订。

参考文献

[1] 王志红，侯习哲，张静．智慧图书馆建设与阅读推广研究 [M]．哈尔滨：哈尔滨出版社，2021．

[2] 陶功美．智慧图书馆建设及新兴技术的应用研究 [M]．长春：吉林人民出版社，2021．

[3] 曹静．高校智慧图书馆建设与应用研究 [M]．北京：中国商务出版社，2019．

[4] 李杏丽．智慧社会建设背景下大数据与图书馆管理研究 [M]．长春：吉林摄影出版社，2022．

[5] 于志敏．智慧图书馆建设 [M]．乌鲁木齐：新疆文化出版社，2020．

[6] 杨鹍．高校智慧图书馆建设与应用研究 [M]．咸阳：西北农林科技大学出版社，2020．

[7] 唐燕，王娟，申峰．智慧图书馆建设与服务创新 [M]．哈尔滨：黑龙江美术出版社，2020．

[8] 温兰．高校智慧图书馆建设研究 [M]．长春：吉林科学技术出版社，2019．

[9] 高红霞．"互联网＋"时代高校图书馆智慧化建设研究 [M]．沈阳：辽海出版社，2019．

[10] 吴爱芝．大数据时代高校图书馆智慧化学科服务研究 [M]．北京：海洋出版社，2018．

[11] 薛松．智慧图书馆创新读者服务模式的必要性及路径研究 [J]．文化产业，2023（11）：100-102．

[12] 王烨，崔强．智慧图书馆建设背景下读者服务模式创新研究 [J]．湖北开放职业学院学报，2023，36（11）：27-29．

[13] 吴荣．大数据如何助力高校图书馆建设发展——谈智慧图书馆采编管理模式构建策略 [J]．办公室业务，2023（08）：149-151．

[14] 陈敏. 智慧图书馆建设背景下公共图书馆阅读推广策略研究 [J]. 赤峰学院学报（自然科学版），2023，39（04）：25-28.

[15] 梁晓岚. 智慧图书馆建设路径探析 [J]. 文化产业，2023（11）：97-99.

[16] 李珍. 道器之辩：智慧图书馆建设与发展的重要命题 [J]. 阜阳师范大学学报（社会科学版），2023（02）：152-156.

[17] 李玉海，马笑笑. 智慧图书馆建设中的馆员知识管理探究 [J]. 图书馆，2023（04）：28-35.

[18] 龚碧染. 智慧图书馆建设下的阅读推广工作 [J]. 江苏科技信息，2023，40（10）：28-30.

[19] 段美珍，刘惠，刘琪等. 智慧图书馆建设成熟度评价方法及实证研究 [J]. 现代情报，2023，43（05）：66-78.

[20] 冉海河. 智慧城市视角下的智慧图书馆建设研究——评《智慧城市与智慧图书馆》[J]. 现代城市研究，2023（03）：135.

[21] 余吕娜. 数智时代智慧图书馆服务成熟度评价体系研究 [D]. 杭州：浙江传媒学院，2023.

[22] 高淦. 高校图书馆智慧服务用户使用意愿影响因素研究 [D]. 杭州：浙江传媒学院，2023.

[23] 张思羽. 建构与突围：智慧图书馆大学生用户数字素养评价体系研究 [D]. 杭州：浙江传媒学院，2023.

[24] 袁枭. 人脸识别在智慧图书馆中的应用研究 [D]. 青岛：青岛大学，2022.

[25] 黄少吟. 高校图书馆智慧信息服务的发展动力要素研究 [D]. 南昌：南昌大学，2022.

[26] 杨娜. 高校图书馆智慧服务用户参与意愿研究 [D]. 郑州：郑州大学，2022.

[27] 常悦. 5G背景下的图书馆智慧服务研究 [D]. 郑州：郑州大学，2022.

[28] 杨斌成. 人工智能在公共图书馆智慧化服务中的应用及现状研究 [D]. 上海：华东师范大学，2022.

[29] 李佳燕. 我国省级公共图书馆智慧服务研究 [D]. 合肥：安徽大学，2022.

[30] 陈心怡. 基于大数据的高校图书馆智慧搜索服务模式研究 [D]. 天津：天津理工大学，2022.